AF391557

LE GÉNÉRAL SALME

Im 27
4406

DROITS DE REPRODUCTION ET DE TRADUCTION RÉSERVÉS.

ÉTUDE HISTORIQUE

LE
GÉNÉRAL SALME

1766-1811

Par Louis HEITZ

Membre de la Société d'Archéologie Lorraine

PARIS

Henri CHARLES-LAVAUZELLE

Éditeur militaire

11, Place Saint-André-des-Arts, 11

(Même maison à Limoges.)

PRÉFACE

La biographie des grands capitaines n'est plus à faire, tous appartiennent à l'histoire.

Une noble tâche s'impose, celle de faire connaître les talents méconnus, les mérites modestes, les vertus ignorées.

C'est le but que nous nous sommes proposé en écrivant la vie du général Salme.

Courage, talents militaires, patriotisme éclairé, dévouement absolu, mépris des grandeurs, dignité constante, abnégation personnelle, telles furent les qualités que montra pendant une trop courte carrière le modeste héros que les historiens ont sinon méconnu, du moins négligé.

Quoique relégué au second plan, le général Salme n'en fut pas moins une des plus pures gloires des armées de la République et de l'Empire : soldat audacieux, patriote convaincu et honnête, administrateur hors ligne, le général Salme pouvait prétendre aux plus hauts grades.

Comme Hoche, Marceau, Pichegru et tant d'autres

illustres généraux improvisés, Salme avait franchi en
trois ans les échelons hiérarchiques ; dès les premières opérations de l'armée du Rhin il s'était fait remarquer, et les pages qui suivent ont pour but de faire
connaître la valeur éprouvée de l'un des plus brillants
généraux de la République, victime d'abord de la
haine du consul Bonaparte et plus tard du ressenti-
ment de l'empereur Napoléon.

Vézelise, 20 février 1895.

L. Heitz.

LE GÉNÉRAL SALME

I

Origine du général Salme. — Ses débuts dans la carrière militaire. Les volontaires vosgiens.

Salme (Jean-Baptiste), dit François (1), naquit à Aillianville (Haute-Marne) (2) le 18 novembre 1766 d'une respectable et honnête famille de cultivateurs ; l'un de ses oncles, curé de Morancourt, lui donna une forte instruction. Rentré dans sa famille et ne se sentant aucune vocation pour la profession de son père, il obtint de ce dernier, après bien des refus, d'embrasser la carrière des armes, peu brillante à cette époque pour les jeunes gens n'appartenant pas à la noblesse.

---

(1) Son père, Jean-Baptiste Salme, était originaire de Grand (Vosges), et sa mère, Jeanne Vignon, venait de la province de Brie.

(2) Jeanne Vignon, orpheline et mineure lors de son mariage, habitait Aillianville sous la tutelle de son cousin Jean Prévost. Nicolas Sellier était curateur dans le règlement d'une petite succession acquise à Jeanne Vignon par suite du décès de son grand-oncle Joseph Simony.

Quelque temps après, Nicolas Sellier, Blaise Taillandier et sa femme, seule et unique héritière de Sébastien Sellier son père, tentèrent de revendiquer la susdite succession, sous le prétexte douteux qu'ils étaient cousins germains de Joseph Simony, mais en réalité pour se venger d'un procès intenté par Jean-Baptiste Salme à la fille de Nicolas Sellier, épouse du comte des Barres, sur la nullité d'une donation entre-vifs qui lui avait été faite par le sieur Simony.

Le jeune ménage Salme perdit en premier ressort contre les époux Sellier et gagna en appel.

Il s'engagea le 16 avril 1784 dans les dragons de Noailles (15e régiment), où il resta jusqu'au 12 janvier 1791.

A cette époque, son père parvint à lui persuader qu'il n'y avait aucun avenir pour lui dans l'armée et le délia du service.

La satisfaction paternelle fut de courte durée ; dès le 31 août suivant le jeune Salme abandonnait de nouveau la charrue, mais cette fois pour ne plus y revenir.

La loi du 9 juillet 1791 avait prescrit la formation de bataillons de volontaires; Salme, dont la famille était originaire des Vosges, se rendit des premiers à Neufchâteau où s'organisait le 1er bataillon formé des contingents des districts de Neufchâteau et de Lamarche.

Hoffmann, un vieux soldat d'origine allemande, commandait le bataillon ; il acueillit à bras ouverts l'ancien dragon de Noailles et lui donna les galons d'adjudant sous-officier.

Aussitôt formé, le bataillon se mit en marche pour la frontière et fut cantonné à Saverne; c'est dans cette ville que l'armement fut à peu près complété et que quelques leçons de théorie furent faites aux volontaires par les instructeurs dont l'adjudant Salme était le plus zélé (1).

---

(1) Ce fut à Saverne que, pendant l'organisation de son bataillon, Salme fît la connaissance de Mlle Marie Masse et qu'il épousa le lendemain du jour où il avait été fait sous-lieutenant. (Voir appendice I.)

Ce faisant, il commit une faute grave contre sa tranquillité, ainsi que nous le raconterons plus loin.

Bien que l'acte de mariage désigne Salme comme adjudant au 2e bataillon des Vosges, il n'en faut tenir aucun compte ; il appartenait au 1er bataillon.

En reconnaissance de ses services, il fut nommé sous-lieutenant le 15 avril 1792.

Le 20 du même mois, l'Assemblée nationale décrétait la guerre contre le roi de Hongrie et de Bohême.

Les premières opérations de l'armée du Rhin furent insignifiantes et se bornèrent à quelques combats d'avant-postes dans lesquels le lieutenant Salme déploya un courage à toute épreuve; il fut blessé à Rosheim à la fin d'août.

Le 1er bataillon des Vosges assista au siège de Longwy et à la prise de Mayence; il suivit en Allemagne la 3e division de l'armée du Rhin.

Après bien des péripéties qui dépassent le cadre restreint que nous nous sommes tracé, les bataillons vosgiens concoururent à la défense des lignes de Wissembourg.

Ces bataillons dont le nombre fut porté à treize lors de la déclaration de *la Patrie en danger*, sur les réquisitions du général en chef de l'armée du Rhin, en date du 19 juillet 1792, faisaient tous partie de cette armée, à l'exception du 5e qui se trouvait dans l'armée du Centre.

Les trois (1) premiers bataillons de volontaires étaient à cette époque de bonnes troupes, bien disciplinées et aguerries; les huit autres, remplis de bonne volonté, marchaient sur les traces de leurs anciens.

Mais deux bataillons, le 14e et le 15e, dits de réquisi-

----

(1) Le 4e bataillon avait été complètement détruit ou fait prisonnier sous les murs de Francfort.

tionnaires, levés à la suite du décret du 20 février 1793, laissaient fortement à désirer.

Le 14 septembre 1793, le 1ᵉʳ bataillon fut très sérieusement engagé au combat de Nofhweiller.

Le lieutenant Salme fut blessé pour la deuxième fois, en entrant l'un des premiers dans le camp retranché que la trahison du général Darlande avait fait tomber entre les mains des Autrichiens.

Ce beau fait d'armes fut évidemment glorieux pour nos troupes, mais ne put contre-balancer l'échec essuyé par le général Moreau à l'attaque du camp de Pirmasens, et nous fûmes contraints d'abandonner les lignes de Wissembourg après une résistance tenace; la retraite s'effectua en désordre et le ralliement eut lieu sur les lignes de la Moder.

La droite de l'armée, dont faisait partie le 1ᵉʳ bataillon, était au village de Drusenheim; le centre occupait Haguenau; la gauche s'étendait à Reischoffen.

Le 17 octobre, nous fûmes attaqués par des forces bien supérieures aux nôtres et contraints de nous retirer sous le canon de Strasbourg.

L'incapacité de plusieurs officiers, la mort de beaucoup d'autres, nécessitaient la réforme des cadres. Le lieutenant Salme, encore blessé dans ce dernier combat, fut promu chef de bataillon et placé à la tête du 15ᵉ bataillon des Vosges, qui avait besoin d'un chef énergique. Salme, doué d'heureuses dispositions développées par une bonne éducation, s'était fait remarquer dès l'entrée en campagne par de réelles aptitudes militaires et une bravoure à toute épreuve. Aussi le général en chef n'hésita pas à le nommer commandant sans le faire passer par les grades intermédiaires de lieutenant et de capitaine (1). C'était d'ailleurs l'ordre du Comité de Salut public de choisir dans les rangs des plébéiens les hommes chez lesquels on reconnaissait des aptitudes et de l'audace. Salme justifiait pleinement cette mesure.

Le nouveau commandant s'occupa aussitôt de réorganiser le 15e bataillon, qui, ainsi que nous l'avons dit plus haut, était fort indiscipliné.

Les réquisitionnaires vosgiens, non exercés, tous les jours aux prises avec l'ennemi, perdant du monde, mal armés, mal vêtus, mal nourris, exploités par les habitants d'un pays dont ils ignoraient la langue, taxaient leur chef d'ambition. Ils avaient appris que, dans le courant du mois d'octobre, le commandant Salme avait reçu l'ordre de conduire son bataillon en garnison, mais cet ordre n'avait pas été communiqué.

Le 28 octobre 1793, c'est-à-dire onze jours après sa nomination de chef de bataillon, Salme fut promu à l'emploi de chef de la 3e demi-brigade d'infanterie.

Il quittait sans regrets le 15e bataillon, où il avait été contraint de sévir souvent dans le peu de temps qu'il avait été à sa tête.

Sans l'extrême sévérité du commandant qui lui succéda, ce bataillon aurait probablement failli à son devoir, certains mécontents cherchant à l'entraîner à la désertion. L'extrait ci-dessous, d'une lettre datée

---

(1) Cependant un officier du nom de François Salme a été capitaine au 12e bataillon compagnie de canonniers, le 7 février 1793.

d'Ochfeld le 9 décembre 1793 peint bien la situation.

. . . .

» J'aurais bien des choses à vous dire si je vous marquais tout ce qui s'est passé ici tant de général que de particulier, c'est-à-dire le détail de notre grande retraite, de la réforme de notre bataillon qui m'a fait perdre le grade que j'avais (1). Nous avons déjà, en peu de temps, eu trois commandants ; si Salme, qui a été le second et qui est maintenant chef de brigade, n'avait pas été si ambitieux, nous ne serions pas dans ce pays-ci et notre bataillon, sans exercice, ne serait pas aujourd'hui au combat. L'endroit d'où je vous écris est un gros village situé entre Saverne et Haguenau ; c'est là qu'est le quartier général de l'armée ennemie qui a été repoussée de deux lieues et est à présent retranchée sur une hauteur très avantageuse où on l'a déjà attaquée, au moins à dix reprises, infructueusement et même avec perte. Il n'y a point de dimanche ou de fête qu'on ne se batte.

» Hier encore, jour de Notre-Dame, l'on a fait un effort qui a encore endommagé notre bataillon, dont nous avons eu trois ou quatre hommes tués et une dizaine de blessés, parmi lesquels un capitaine dont la plaie est dangereuse. La perte de ma place ne m'a pas beaucoup affecté et si j'avais été moins indifférent, je ne serais peut-être pas simple fusilier.

» Au reste, ce qui serait très propre à me consoler, si j'en étais fâché, c'est qu'il y a un nouveau décret portant que tous les corps formés avec le produit de

-----

(1) Capitaine à l'organisation.

la nouvelle levée seront incorporés dans les régiments
de ligne pour les compléter, et pour lors les grades s'é-
vanouiront encore une fois.

» Ce décret m'inquiète beaucoup ainsi que tout le
bataillon. Notre situation va de mal en pire : nous
n'étions, disait-on d'abord, venus que pour donner
un coup de main et pour très peu de temps, et l'on
nous retient ensuite comme les bataillons levés précédemment, et l'on veut encore nous mêler avec les
troupes de ligne engagées volontairement depuis sept
ou huit ans... »

La lettre ci-dessus fait allusion aux opérations de
Pichegru contre le prince de Condé : le 4 décembre, le
chef de brigade Salme mérita les éloges du général en
chef pour la conduite honorable qu'il tint au combat
de Berchem.

A partir de cette époque, le succès fut tout entier
pour les armées françaises, Hoche et Pichegru opérant
de concert : c'est ainsi que l'armée du Rhin s'empara
de Lembach, Drusenheim, Gunstershoffen, Bisch-
willer et Haguenau.

Salme eut une part directe au combat de Geisberg
et à la prise de Lauterbourg. Les lignes de Wissembourg étaient reconquises : l'armée française prit ses
quartiers d'hiver dans le Palatinat.

Le général Hoche aurait voulu porter la guerre sur
le territoire ennemi, mais le Comité de Salut public
prescrivit, au contraire, la retraite de l'armée dans les
lignes comprises entre Bitche et Longwy ; de plus,
Hoche, suspecté, fut privé du commandement de son
armée, arrêté et jeté en prison.

Le général Jourdan, rentré en faveur, fut placé à la tête de l'armée de la Moselle.

Le 30 mars 1794, Salme était promu au grade de général de brigade; le général Hoche, qui l'appréciait beaucoup, l'avait ainsi noté :

« Officier plein de valeur, d'énergie, et qui a rendu les plus grands services. »

Après la fusion des armées de Rhin et Moselle avec l'armée du Nord, Pichegru, qui commandait en chef, confia la direction de l'avant-garde au général Salme, pour lequel il éprouvait une amitié qui ne se refroidit jamais.

II

**Le général Salme à l'armée du Nord. — Ypres. — Malines.
Bois-le-Duc. — Siège de Grave.**

Chacun des grades si rapidement acquis par le général Salme était la récompense d'une action d'éclat ; l'avant-garde ne pouvait avoir un plus digne chef.

Chargé de harceler Clairfait, à la défaite duquel il contribua vaillamment dans l'affaire de Roulers, près Ypres (1), le 13 juin 1794, le général Salme se fit cons-

----

(1) La prise d'Ypres est ainsi racontée par un témoin oculaire, Pierre Cottenot, de Grand (Vosges) :

« Au quartier général de Rousselars le 1ᵉʳ messidor, an II de la République une, indivisible et démocratique.

» Citoyens, je m'empresse de vous annoncer une nouvelle qui sera, sans doute, très agréable à vos cœurs républicains.

» La ville d'Ypres, que nos troupes tenaient bloquée depuis près d'un mois, est enfin tombée hier en notre pouvoir, après avoir soutenu une canonnade et un bombardement très vifs pendant huit jours.

» La garnison est prisonnière de guerre et la place est rendue sans restriction aux troupes de la République.

» Je ne sais encore aucun détail certain sur le nombre de prisonniers, sur la quantité de provisions de toute espèce qui illustrent cette victoire. Avant la prise de cette ville, cette partie de l'armée du Nord était, depuis quelque temps, dans une certaine inaction, parce que la division qui en faisait le siège, étant moins avancée que les autres, entravait leur marche et retardait leurs succès ; mais à présent que la confiance du soldat français est encore accrue par cet avantage, on peut se promettre des victoires. Notre division, qui est la plus avancée, puisqu'elle est à quatre lieues en avant de Menin, s'attend encore à marcher plus loin de jour en jour...

» *P. S.* — J'apprends maintenant de mon cousin Salme, qui arrive d'Ypres voir le général en chef, que la garnison faite prisonnière de guerre est composée de cinq à six mille hommes ; on a pris quatre-vingts pièces de canon et beaucoup de fourrages, etc..... »

tamment remarquer durant cette nouvelle campagne par ses talents et sa bravoure.

Le 13 juillet, à l'attaque de Malines, il fut grièvement blessé, et eut un cheval tué sous lui dans le combat livré sur le canal de Louvain (1).

Voulant donner à nos lecteurs un aperçu des pays parcourus par la brigade du général Salme et de l'existence des armées en campagne à cette époque (2), nous reproduisons ci-dessous le récit très détaillé qui nous a été laissé par l'un des secrétaires du général, auquel nous devons d'ailleurs les notes (3) qui ont servi de base à ce travail.

« ... Nous ne tardâmes pas à arriver à Vilvorden, petite ville à deux lieues de Bruxelles. Après y avoir pris un verre de bière, nous passâmes outre, et vers les trois heures nous nous trouvâmes près de Malines, sur ce même canal où, un mois auparavant, le général avait été blessé d'un biscaïen, à une affaire qui avait eu lieu entre les Français et les coalisés, lorsque les premiers voulurent passer le canal. Nous entrâmes ensuite à Malines, ville assez considérable ; en passant nous y vîmes les magistrats et les bourgeois réunis en grande cérémonie avec la garnison pour planter l'arbre de la liberté.

» Cette ville m'offrit dans la construction de ses

---

(1) La prise de Malines a d'ailleurs été attribuée au général Salme.

(2) Thermidor an II.

(3) Nous avons cru devoir copier textuellement ces notes, sans y rien changer, bien qu'on y rencontre des contradictions ou des appréciations fausses.

Ce secrétaire était le citoyen P. Collin, de Grand (Vosges).

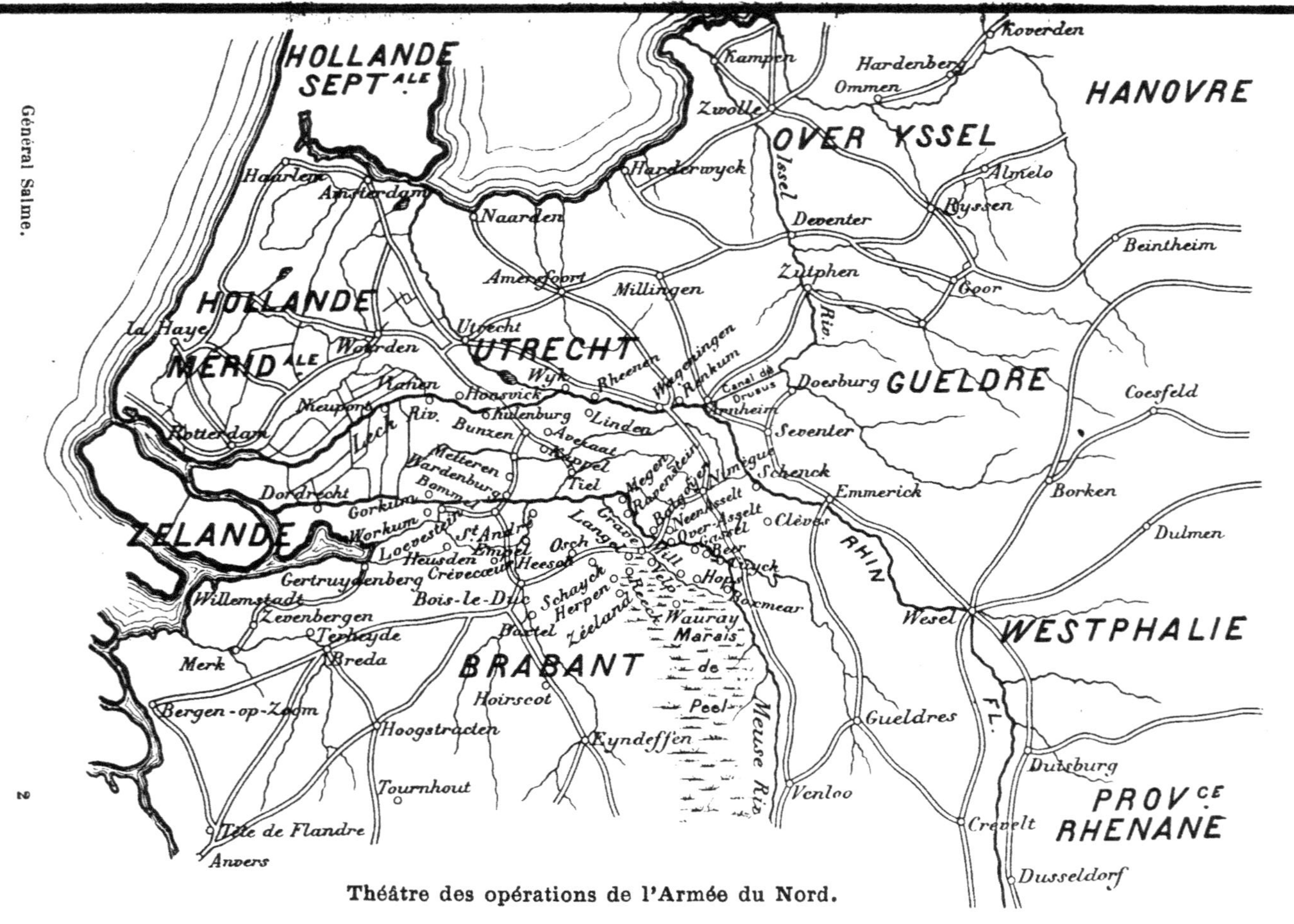

Théâtre des opérations de l'Armée du Nord.

Général Salme.

2

maisons un objet digne de curiosité, car la toiture des
maisons, qui y sont toutes bâties en briques et couver-
tes en tuiles, descend de côté et non devant, de sorte
que toute la face est un pignon qui, à la naissance du
toit, s'élève en pointe et par degrés marqués jusqu'à
son sommet : ajoutez à cela que la plupart, pour ne
pas dire la totalité de ces maisons, ne sont crépies ni
blanchies, mais rouge couleur de briques, excepté
qu'entre chaque brique le mortier, formant une raie
grisâtre ou blanche, offre la bigarrure la plus singu-
lière et donne à ces maisons une tournure *tout à fait
gothique et même grotesque* (1) ; d'ailleurs tous les édi-
fices publics surtout, sont chargés de mille figures
de pierres hiéroglyphiques et monstrueuses.

» A quelque distance au delà de Malines, des arbres
fracassés ou endommagés le long de la route et aux
environs, nous désignèrent assez que les balles, la
mitraille et les boulets avaient sifflé dans cet endroit
et qu'on s'y était même caressé un peu rudement ;
plus loin, un bourg que nous traversâmes n'offrit à
notre vue que des toits et des murs criblés de même.
Enfin, après diverses observations le long de la route,
nous entrâmes à Anvers sur les sept heures du soir ;
partie de la garde qui était aux portes se rangea de
chaque côté de la diligence et la conduisit chez le commandant de la place, qui, après avoir visé nos différents papiers, nous laissa aller ; alors je m'informai
près de lui si le général était à Anvers ; il me répondit
que son quartier général était actuellement à Massen-

---

(1) Voir la note 3 page 16.

hoven, à 3 lieues à la droite d'Anvers, dans un château
du baron de Saint-Vaast. Comme je n'étais pas fati-
gué et que j'avais encore près de deux heures de jour,
je me remis de suite en route.

» Au sortir de la ville, un sergent de canonniers
m'ayant joint et ayant appris de moi où j'allais, m'offrit à souper et à coucher avec lui dans un château
voisin où il logeait avec un commissaire des guerres ;
sur l'observation qu'il me fit que j'avais encore deux
grandes lieues à faire, et qu'il me faudrait passer à travers tous les camps et cantonnements de l'armée, où
on m'arrêterait à chaque instant, j'acceptai son offre
d'autant plus volontiers que ne connaissant pas encore le train des armées et des camps où je devais
passer, je désespérais de pouvoir arriver sans obsta-
cle au quartier du général. Je suivis donc le sergent
au château. D'abord, nous trouvâmes le grand parc
d'artillerie auquel ce sergent était attaché campé dans
les avenues, les cours et les jardins de ce château ; il
m'introduisit à l'office où nous soupâmes très bien ;
après quoi il me conduisit coucher avec lui. L'honnê-
teté, là complaisance et les égards qu'il me témoigna
ne se bornèrent pas là ; lors de mon départ, il voulut
encore bien me conduire jusqu'à une demi-lieue où il
me quitta en m'indiquant le chemin que j'avais à suivre et en m'invitant à venir de temps en temps le voir,
lorsque la proximité des cantonnements le permettrait.

» Après l'avoir quitté, je suivis un chemin dont chaque côté était occupé par des troupes, tant infanterie
que cavalerie, qui étaient campées dans les terres, les
prairies et les bruyères ; je trouvais à chaque instant

des gardes, des patrouilles, des militaires qui venaient
de la provision et des vivres, entre autres quatre ou
cinq qui traînaient un quartier de bœuf au milieu de
la poussière et de la boue ; je rencontrai une voiture
dans laquelle étaient plusieurs officiers généraux ; j'ai
su depuis que le général Salme était du nombre, mais
je ne le remarquai pas. Après avoir déjà fait une bonne
lieue et passé un village et plusieurs fermes, je demandai à un militaire si j'étais encore bien éloigné de Massenhoven ; il me répondit que j'en étais encore à une
lieue ; alors, comme je n'avais pas encore mangé ce
jour-là, quoique le sergent de canonniers m'eût offert
à déjeuner, je me sentis de l'appétit et, étant entré
dans une ferme, je fis signe aux paysans qui y étaient
de me donner à manger ; après avoir marmotté dans
leur jargon quelques murmures, sans doute contre le
peu d'égards des Français, une femme me donna une
petite tartine de beurre salé dont le pain était noir et
avait un goût aigre, car il était de sarrazin ; ayant ensuite avalé un verre d'eau très mauvaise, je continuai
mon chemin et, après plusieurs informations sur l'endroit où se trouvait le quartier du général Salme,
j'arrivai enfin dans un château environné de belles
avenues et de fossés remplis d'eau ; j'entrai dans le
vestibule et j'aperçus dans une chambre à gauche
mon intime ami C..., qui écrivait parmi d'autres officiers ; je courus à lui, nous nous embrassâmes dans
un transport de joie peu commune et, après les ques-
tions ordinaires, il me conduisit dans la chambre du
frère du général, autre ami encore ; nous le trouvâmes
lisant sur son lit ; sa surprise en me voyant fut égale

au plaisir que j'eus de l'embrasser. Nous sortîmes tous trois de sa chambre et ils me conduisirent à la cuisine pour y manger un morceau ; je sus alors que le général était à Anvers avec son aide de camp et qu'ils étaient de ceux que j'avais rencontrés. Je vis ensuite Claude Adam, un des domestiques du général ; comme il était encore de notre pays, cela me fit plaisir ; je lui donnai des nouvelles de sa famille.

» Après avoir causé environ une heure dans le jardin et les bosquets, on nous appela pour dîner : arrivé dans la salle à manger, je fus étonné de voir une table d'environ trente couverts et très bien garnie ; C... me dit que ce n'était qu'un faible ordinaire et l'image en petit de ce qui se pratiquait quand le général n'était pas absent. En effet, tout le temps que j'ai passé chez le général, j'y ai toujours vu, quand les circonstances le permettaient, une table somptueusement servie et très fréquentée. L'après-dîner nous visitâmes le châ-teau et les environs et nous en fîmes le tour en nacelle dans les fossés.

« Vers les sept heures du soir le général revint et fut très étonné de me voir. Après les civilités d'usage, il m'invita à demeurer près de lui ; j'acceptai son offre en le remerciant de ses bontés. On se mit bientôt à ta-ble ; la conversation badine et un peu libre qui régna pendant tout le repas me donna une idée de la gaîté militaire. Je ne me suis pas aperçu que cet esprit de plaisanterie et de familiarité se fût démenti un instant, même dans les circonstances les moins agréables, durant le séjour que j'ai fait à l'armée.

» On me donna provisoirement le lit et la chambre de

l'interprète du général, qui pour lors était à Bruxelles chez ses parents ; je dormis très bien et reposai encore mieux, car, n'ayant plus à voyager, je ne me pressai pas de me lever, et je reçus plusieurs visites au lit. Vers les dix heures, étant descendu au bosquet, j'y trouvai plusieurs domestiques occupés à dresser une table d'environ 60 couverts. C..., à qui je demandai le motif d'un si grand apprêt, me dit que le général Pichegru et le représentant du peuple Richard, avec les officiers de leur suite, devaient venir dîner afin de passer la revue des troupes dans la soirée, et que le général Salme avait encore invité plusieurs autres généraux et officiers qui, joints à ceux du quartier général, formeraient bien un total de 60 personnes.

» A midi, le général Salme se rendit, accompagné de plusieurs officiers de son état-major, dans une plaine voisine où était campée sa brigade, pour faire défiler la parade. J'y fus avec C... et je fus très content d'avoir fait cette démarche, car, outre le plaisir que j'eus de voir manœuvrer les troupes au son des tambours et de la musique, j'examinai avec curiosité la disposition du camp et l'uniformité des baraques, toutes construites de terre et de paille.

» En rentrant au château nous constatâmes l'absence d'une dizaine d'invités, entre autres le général Pichegru et le représentant Richard ; on les attendit jusqu'à 2 heures ; alors on se mit à table sous les feuillages du bosquet. Sur la fin du repas, une nuée étant survenue et la pluie commençant à se faire sentir vivement, les convives se sauvèrent au château tout en désordre. Je me rappelle que dans cette confusion, un superbe couteau que j'avais disparut, et malgré mes recherches je n'ai pu le trouver depuis. La distance du bosquet au château donna à la pluie qui tombait très fort assez de temps pour me transpercer ; ce n'eût été que demi-mal si j'eusse eu de quoi me rechanger, mais je n'avais pour tout butin qu'un habit, un gilet, un pantalon sans doublure, une paire de bas, une chemise, un mouchoir de col, un de poche, un chapeau, une paire de souliers, et pour tout moyen 15 livres en assignats. Je n'ai jamais pu savoir ce qu'était devenu le paquet que j'avais mis à la diligence à Vervins. Aussi, par la suite, me fallut-il user d'emprunt et d'industrie et employer le prix de ma montre et tout ce qu'on m'envoyait à m'équiper de nouveau. J'arrivai donc au château mouillé jusqu'aux os ; je n'eus d'autre ressource pour me sécher que de me jeter sur mon lit.

» Le soir, vers les sept heures, le général Salme reçut ordre du général Pichegru de partir avec sa brigade le lendemain, vers les cinq heures, pour se rendre à Oostmalle à deux lieues de Massenhoven en tirant vers Hoogstracten. Aussitôt le général expédia les ordres de départ à tous les corps et chacun se disposa à partir. En effet, le lendemain matin, nous partîmes du château vers les six heures ; je montai avec deux secrétaires de l'état-major dans une voiture d'équipage du général.

» On arriva à Oostmalle entre huit et neuf heures ; tout le quartier général fut logé chez le curé de ce village. Le soir, en me promenant avec C... dans son jardin, je vis des cerisiers en espaliers chargés de cerises très noires, à longue queue; nous fûmes très étonnés l'un et l'autre de voir encore des cerises sur des arbres le 3 fructidor; en ayant détaché quelques-unes nous les mangeâmes plutôt par curiosité que par appétit; nous les trouvâmes aigres et fières.

» Le soir, le général, revenant de visiter ses postes, reçut l'ordre du général en chef de partir le lendemain à 5 heures du matin, avec ses troupes, pour se rendre entre Bel et Mol, à sept lieues de là sur la droite : les ordres furent donc donnés aux troupes.

» Comme le curé avait fort peu de lits, on fit apporter de la paille dans une chambre et nous couchâmes dessus pour la plupart; le lendemain, à 6 heures du matin, nous partîmes. Je montai dans la même voiture que la veille et y ayant trouvé un matelas je dormis quelque peu.

» Pendant tout le chemin je vis le pays le plus triste qu'on puisse imaginer; dans le cours de mon voyage je n'avais rien remarqué de si affreux; j'avais vu partout des campagnes bien garnies, des moissons superbes; depuis Mons surtout, jusqu'à Anvers, on trouvait des épis quelquefois hauts de six pieds et gros et riches à proportion. Il est vrai que depuis Bruxelles toute la campagne est entrecoupée de petits bois ou bruyères qui interrompent à chaque instant les champs et les prairies. Près d'Anvers la nature du sol est toute différente qu'en France : c'est un terrain maigre, fangeux et sablonneux, mais d'un sable si fin qu'on le prendrait pour de la poussière, ce qui fatigue beaucoup dans la marche, car sur les routes et chemins on a toujours de ce sable jusqu'au-dessus des souliers. Mais le pays que nous traversâmes depuis Oostmalle n'est que bruyères et landes ; on voit un terrain partout inculte et inégal ; de temps en temps on aperçoit de petits monticules et des maisons dispersées çà et là ; les villages n'y sont pas bien nombreux ni bien considérables ; souvent on traverse des ruisseaux et des endroits plantés de chênes et de sapins. Tout y est triste, tout y paraît sauvage, mais bien plus encore le costume des habitants et surtout des paysans : il est uniforme presque pour tous ; les hommes ont de petits chapeaux ronds, les cheveux courts, une veste de toile ou un habit brun tirant sur le gris, un gilet et une culotte de la même couleur ou noirs, un tablier de grosse toile grise devant eux, avec des bas de fil ou de laine et de gros souliers ou sabots avec de gros chaussons noirs ou gris ; pour cravate une espèce de crêpe de laine ; enfin une pipe très courte à la bouche.

» Le costume des femmes a encore quelque chose de plus comique : pour coiffure, elles mettent une espèce de béguin qui couvre à peine la moitié de leur tête ; ce béguin est quelquefois garni d'une dentelle très grossière ; on leur voit fort peu de cheveux, car elles les coupent ou les relèvent dessous ce béguin ; elles ont pour la plupart une plaque de cuivre ou de similor façonnée à jour qui, couvrant leurs tempes, se prolonge dans leur coiffe ; un petit mouchoir leur couvre le cou et le sein ; elles ont des corps très serrés qui descendent sous la jupe et des casaquins dont les pans ont 8 à 10 pouces ; la chaussure est la même que celle des hommes ; quant à la couleur, elle est grise ou noire, mais toujours sombre. L'éclat de ces costumes est relevé par une malpropreté tout à fait dégoûtante et une crasse qui ajoute beaucoup à la couleur sombre de l'étoffe. Ajoutez à tout cela leur jargon barbare, leur maintien sauvage, leur figure dissimulée et leurs habitudes grossières pour ne pas dire impertinentes (1).

» Nous n'arrivâmes à la position indiquée que vers les neuf heures du soir, c'est-à-dire à la nuit fermée, car nous n'étions pas venus vite; à la vérité un corps d'armée ne peut aller que très lentement à cause des équipages et des haltes nombreuses que l'on fait.

» Comme on avait été tout le jour en marche, on n'avait pu faire à manger, de sorte que je me sentais bon appétit et me faisais une joie d'arriver bientôt pour garnir mon estomac creux. Mais pour comble de malheur, en arrivant au camp, personne ne put nous indiquer où était le quartier général et le général lui-même. C..., le frère du général et moi, prîmes alors le parti de coucher au bivouac avec les équipages du général : nous nous assîmes donc auprès d'un feu où des soldats se chauffaient et commençaient à faire cuire leur soupe; un charretier qui par hasard se trouvait là, une croûte de pain de munition à la main, voulut bien la partager avec moi et me fit beaucoup de plaisir, car si cela ne me rassasiait pas, au moins cela remplissait une place quelconque. Quand j'eus ainsi satisfait faiblement à ma faim, il fallut songer à me délasser du voyage et à prendre du repos : je me couchai sur terre, mais la fraîcheur ne m'ayant pas permis d'y rester longtemps, je cherchai la voiture et le matelas sur

---

(1) Voir la note 3 page 16.

lequel j'avais fait une partie de la route; or, ayant trouvé la place occupée, je me couchai sur le dos d'un des charretiers qui y était; il était apparemment dans un profond sommeil, car le poids de mon corps ne lui fit faire aucun mouvement; mais le lendemain, en s'éveillant et voulant se lever, il me donna une telle secousse qu'il pensa me précipiter tout endormi en bas de la voiture.

» Il était déjà 7 heures du matin et on n'avait pas encore trouvé le général; enfin, vers les dix heures, arriva au camp un officier de l'état-major qui nous indiqua le quartier général et nous y conduisit; c'était à Rosselaer, petit hameau à une demi-lieue de là, chez le vicaire; nous y trouvâmes en effet le général, et, tout le monde étant réuni, on se mit bientôt à table, car chacun se trouvait à peu près dans le même cas que moi. Le vicaire n'avait qu'un lit qui fut pour le général et son aide de camp; tous les autres et moi fûmes coucher dans la grange sur le foin; comme je commençais à m'habituer à ce duvet, je dormis très bien.

» Le surlendemain de notre arrivée chez le vicaire, c'est-à-dire le 7 fructidor, nous partîmes à 5 heures du matin avec la brigade, d'après l'ordre du général en chef, pour nous rendre à Oudt-Turnhout, village à quatre lieues plus loin. Vers les sept à huit heures, nous passâmes à Mol, petit bourg assez beau et assez régulier. J'oubliais de dire que j'étais dans le cabriolet du général avec son frère, mais pour ne pas répéter plus souvent cette circonstance, je dis ici une fois pour toutes que, ordinairement, dans chaque voyage, je montais soit dans le cabriolet du général, soit dans son fourgon ou dans quelque voiture d'équipages. Vers midi ou une heure, nous arrivâmes à Oudt-Turnhout, village à un quart de lieue en deçà de la petite ville de Turnhout.

» Le quartier général fut placé chez un riche brasseur de ce village, qui, en guise de lits, nous procura de la paille dans sa grange pour y coucher.

» Le 10 fructidor, je fus, avec C... et le frère du général, me promener à Turnhout, et, le 11, nous partîmes à 9 heures du matin avec le quartier général et la brigade pour aller à Stack-Hœvet, petit hameau à quatre lieues d'Oudt-Turnhout, en tirant vers Bréda. Après avoir passé à Turnhout et traversé plusieurs bois et bruyères, nous arrivâmes vers les cinq heures du soir à Stack-Hœvet, chez un paysan où le quartier général fut placé. Jusqu'alors on avait eu un lit pour le général, des verres, des couverts, des assiettes pour la table; mais chez ces paysans on ne put avoir que de la paille pour coucher, un verre, deux ou trois plats et autant de couverts pour manger; de sorte que nous buvions tous dans le même verre; nous nous passions l'un à l'autre la cuillère pour puiser la soupe dans la gamelle, la fourchette pour découper la viande sur notre pain, et tous nous couchions pêle-mêle sur la paille dans la grange : je me rappelle même à ce sujet qu'étant couché avec C... un peu au-dessus du général, nous roulâmes l'un et l'autre sur lui en dormant. Cette situation était assez pénible, car l'état-major du général, y compris les officiers, les secrétaires et les domestiques, représentait toujours un personnel de 20 à 25 personnes et ce nombre était quelquefois doublé par les survenants.

» On se demandera comment le général pouvait nourrir tant de monde. Voici : il recevait par jour environ 15 à 18 rations de pain et de viande pour lui et ses officiers ; ensuite il achetait le reste, et quelquefois les habitants du pays lui apportaient quelques denrées ; alors son cuisinier se trouvait à même de faire son office.

» Le 13 fructidor, le général Salme, étant allé voir sa brigade qui était campée dans une plaine à une demi-lieue de Stack-Hœvet, résolut de s'établir dans une baraque de paille, en arrière du camp, afin d'être plus à portée de ses troupes. En effet, il en fit faire une assez vaste pour contenir tout le quartier général ; ce fut un sergent qui la construisit ; elle avait environ 18 pieds en carré et 20 de hauteur, et était assez bien construite ; à côté, il fut dressé un hangar pour les chevaux, et derrière on creusa une *espèce de cuisine pour faire bouillir la marmite* (1). Quelques officiers se firent encore de petites baraques aux environs, et moi-même je m'en étais creusé une, mais j'abandonnai l'entreprise jusqu'à deux fois.

» Le 14, tout étant disposé, le quartier général quitta Stack-Hœvet et vint dans la baraque. Le frère du général, jeune homme très industrieux, voulant disposer les lits, c'est-à-dire la paille à coucher, de manière à ce que le centre de la baraque pût contenir les malles et effets, le bureau et une table proportionnée au nombre ordinaire des convives, enferma d'un petit treillage de bois un espace long de six pieds, tout au-

____

(1) **Voir la note 3, page 16.**

tour et en dedans de la baraque, le couvrit de paille à
10 pouces d'épaisseur, et nous assigna à chacun nos
places ; on dormit très bien et on lui sut bon gré de
son invention.

» Le lendemain de notre installation dans cette baraque, il m'arriva une aventure assez fâcheuse : étant
à me promener dans le camp, je vis un cavalier du 19e
régiment qui était en marché pour vendre une paire
de culottes à un de ses camarades ; comme j'avais très
besoin d'effets, je m'approchai et m'offris comme ache-
teur. Après avoir examiné la culotte, qui était de velours blanc et doublée de toile de coton, je supposai
qu'elle me conviendrait ; nous convînmes du prix et
je lui donnai 20 livres en assignats ; puis je retournai
à la baraque pour l'essayer, mais, l'ayant trouvée trop
large, je courus la lui reporter. Il refusa formellement
de la reprendre : alors je fus choisir son capitaine pour
arbitre dans cette affaire ; après lui avoir exposé le
fait, il me dit d'un ton ferme et menaçant : « Je vais
» vous faire arrêter tous les deux, vous traduire à la
» commission militaire où vous serez condamnés l'un
» et l'autre à deux ans de fers pour avoir, l'un vendu et
» l'autre acheté un effet appartenant à la République,
» car vous n'ignorez pas sans doute qu'il est défendu
» sous cette peine de trafiquer d'objets fournis par la
» République aux militaires. »

» Je fus abattu par cette réponse ; néanmoins, fort de
mon innocence, je lui observai qu'en achetant ces culottes de velours j'étais bien éloigné de croire que la
République eût fourni à ses cavaliers un effet d'aussi
grand prix ; que d'ailleurs, si je me fusse cru coupable

je ne me serais pas dénoncé moi-même. Après une assez longue explication, il fit arrêter le cavalier et me demanda de quel corps j'étais. Sur ce que je lui dis que j'étais secrétaire du général Salme, il m'engagea à aller trouver le commandant du régiment et me donna une lettre pour lui. Je m'y rendis en effet et avant de lui remettre la lettre dont j'étais porteur, je lui détaillai toute l'affaire sans aucun déguisement : il m'assura qu'à cause de la bonne foi avec laquelle je m'étais conduit dans ce marché il ne m'arriverait rien, mais que le cavalier serait poursuivi avec d'autant plus de justice, qu'à chaque instant cet abus avait lieu parmi ceux de son régiment, au mépris même de la loi qu'ils connaissaient très bien. Cependant, après de vives instances et de pressantes sollicitations que je lui fis en faveur de ce cavalier, il se détermina, quoique avec peine, à me remettre un ordre qui enjoignait au capitaine de mettre en liberté le cavalier, afin de ne pas donner suite à cette affaire. Alors mes 20 livres me furent rendues, le cavalier reprit ses culottes et tout fut fini.

» Le 16, la majeure partie de l'armée du Nord, qui formait à peu près un corps de 40.000 hommes et qui était campée dans une plaine très vaste (celle où nous étions), manœuvra toute la soirée. Le général Pichegru et le représentant Richard, avec beaucoup d'autres officiers généraux, assistèrent à cette manœuvre générale que la musique rendait encore plus brillante. J'eus beaucoup de plaisir à voir toutes les marches, contre-marches, attaques et autres évolutions que les troupes exécutèrent avec beaucoup d'habileté, ce qui leur mérita l'applaudissement de leurs généraux.

» Le 17, j'allai avec C... et d'autres personnes voir dans le camp de petits parterres que les militaires avaient fait à côté de leurs baraques; cela était tout à fait curieux et charmant à voir. Le sable fin qui faisait le fond de ces parterres était entrecoupé de mousse en différentes figures; quelques-uns surtout étaient distribués avec beaucoup d'art et de goût. C'était là un des amusements des militaires lorsqu'ils étaient quelques jours à se reposer : tantôt ils embellissaient ou agrandissaient leurs baraques, les couvraient de paille et de terre, y faisaient des portes, des vitres, des cheminées, les creusaient et les partageaient en deux ou trois chambres ; tantôt ils créaient de petits parterres ; quelquefois ils jouaient aux cartes ou s'amusaient à lire ; d'autres, enfin, éclaircissaient leurs armes et nettoyaient leur équipement. Tous passaient ainsi leur temps selon leurs diverses inclinations.

» Le général Salme, qui avait également vu et admiré ces différents parterres, chargea celui qui avait fait sa baraque de lui en disposer aussi un environné de petits fossés et proportionné à l'étendue de la baraque en face de laquelle il le fit faire.

» Le 18, j'allai avec le frère du général à Hoogstraeten, petit bourg à une demi-lieue du camp; derrière ce bourg, où était placé le quartier du général Pichegru, nous vîmes une avenue superbe au fond de laquelle paraissait un vaste château appartenant à un prince de *Salm*; sur quoi j'observai que apparemment on ne s'était pas imaginé que le général *Salme* viendrait de si loin établir sa *baraque* à une demi-lieue du *château* du prince de Salm (1). Le soir, étant de retour au camp, nous apprîmes que l'ordre était arrivé d'aller le lendemain prendre position près de Wilecote, village à une lieue et demie plus loin ; il fallut donc abandonner la baraque, que tout le monde venait voir par curiosité, et le parterre qui n'était pas encore fini.

» Un officier qui, quelques jours après, passa dans cette plaine, ne remarqua aucun signe du séjour que l'armée y avait fait, sinon que la terre paraissait avoir été remuée en plusieurs endroits. Au reste, chaque fois que l'armée décampait, je voyais les paysans des environs qui venaient fouiller dans toutes les baraques, les culbuter et en remporter la paille chez eux. (Car il faut dire que cette paille venait des fermes et villages voisins où on allait la chercher lorsqu'on arrivait dans une position.) Souvent les paysans n'attendaient pas que toute l'armée eût évacué le terrain : ils accouraient au moindre signal du départ et malheur aux militaires qui ne gardaient pas leurs baraques et qui s'écartaient un peu, car ces paysans lançaient une main de filou sur tout ce qu'ils trouvaient et se retiraient ensuite avec la rapidité de l'éclair. Je me souviens même que, prêt à monter à cheval pour aller à Wilecote, j'aperçus un de ces paysans qui sortait avec précipitation de la baraque d'un officier, ayant à sa main une bride et d'autres effets ; aussitôt j'appelai un domestique qui, s'étant mis à sa poursuite une trique à la main, l'atteignit, lui reprit ces effets et lui déchargea une violente grêle de coups sur le dos.

(1) Voir appendice IV.

Général Salme.

3

« Nous partîmes donc de la fameuse baraque le 19 fructidor et nous arrivâmes vers midi à Wilecote, chez le curé, où le quartier général fut établi. Ce curé me donna pour coucher un vieux lit de plume, dessus lequel fus-je à peine posé, qu'un million de puces, de punaises et de poux me chatouilla tellement que je me levai, me sauvai bien vite dans la grange voisine où je couchai sur la paille.

» Le lendemain, pour me venger du tour que venait de me jouer le curé, j'allai dans son jardin où je fis descendre de ses arbres un assez bon nombre de poires ; mais en ayant un peu trop mangé, je me ressentis incommodé au point de vomir différentes fois ; cependant, ayant pris le parti de ne plus y retourner, je ne fus pas longtemps sans me rétablir.

» Il y avait déjà quelque temps que je n'avais changé de linge et comme je n'avais qu'une chemise et qu'elle était déjà très sale sur mon dos, je priai le curé de m'en procurer une : le bonhomme ne se fit pas tirer l'oreille pour me donner sa plus mauvaise, car ce n'était qu'un assemblage de pièces ; n'importe, elle était propre, cela me suffisait. Je profitai de l'occasion pour faire blanchir la mienne et, par ce moyen, je me trouvai encore fourni de linge blanc pour six semaines ou deux mois : car, avec mon unique chemise, il me fallait attendre ce laps de temps pour arriver à une lessive lorsqu'un de mes amis, mieux pourvu que moi, était en situation de me prêter du linge pendant une journée ; puis les blanchisseuses qui suivaient les corps nous demandaient cinq sols par chemise et nous les rendaient aussi sales qu'auparavant. J'avais même trouvé un moyen plus économique. Je faisais laver mon linge par des paysannes du village ou de la maison où nous étions logés; elles le savonnaient très bien, me le rendaient très propre et il ne m'en coûtait rien, car elles ne voulaient pas d'assignats.

» Le 24 fructidor, d'après l'ordre que le général Pichegru avait envoyé la veille, la brigade se mit en marche vers les dix heures du matin; à trois heures après midi, nous arrivâmes à notre destination, c'est-à-dire à Riel, petit village sur la droite et à trois lieues plus loin que Wilecote. Le quartier général fut établi chez un paysan qui était encore moins bien fourni que celui de Stack–Hœvet, car, faute de verre, nous fûmes obligés de boire dans une espèce de pot de chambre; le soir, j'allai dans la grange et, étant monté sur le haut pour me coucher, j'y trouvai sept ou huit musiciens de l'armée parmi lesquels je m'étendis, mais ne dormis guère, car ils ne cessèrent de remuer toute la nuit.

» Le jour suivant, étant à me promener et à manger des pêches dans un champ, je vis arriver au galop le général Pichegru suivi de plusieurs officiers et de ses ordonnances; il revenait d'une découverte; il descendit de cheval et entra dans une maison qui était destinée pour lui et les représentants du peuple. Ce fut la première fois que je le vis; il me parut très bel homme et assez jeune, mais je n'eus pas le temps de le considérer, car il entra tout de suite dans la maison; mais ce que je distinguai particulièrement sur lui, ce fut un sabre dont le fourreau était en acier et brillait comme si c'eût été le sabre lui-même.

» Ce même jour, en arrivant au village distant de trois lieues de Bréda et de Bois-le-Duc, j'entendis le canon d'une manière distincte pour la première fois ; c'était la garnison de Bréda qui tirait sur des avant-postes français qui s'étaient approchés de cette ville.

» Etant chez notre paysan, je lui demandai par signes une écritoire, une plume et du papier ; je le fis asseoir près de moi et mis par écrit, à fur et mesure qu'il me le disait, le nom en hollandais de tout ce qui était d'un usage plus universel ; car je commençais à me lasser de ne pouvoir me faire entendre de tous ces péquins (1). Je me fis ainsi un petit dictionnaire français-hollandais, je l'augmentai de jour en jour et je le pratiquai tant et me fis si bien instruire dans cette langue par ceux et celles que je voyais fréquemment, qu'au bout de six mois, je me suis trouvé à même de tenir conversation en hollandais, ce qui m'a été d'un grand avantage car, outre la facilité que j'avais à m'expliquer, on me prenait quelquefois pour un Hollandais au service de France et on me faisait mille accueils ; je me gardais bien de les détromper, car je me trouvais très bien de leur erreur.

» Le 26 fructidor, on partit vers les six heures du matin pour aller à Hilverembeck petit bourg sur la droite à trois lieues plus loin que Riel ; nous y arrivâmes vers midi ou une heure. Ce bourg est assez beau et assez peuplé ; il est régulier et on y voit de belles maisons et en grand nombre ; la Tour du Temple est surtout re-

____

(1) Nom que les Français ont donné aux Hollandais par dérision, ainsi que paour, terme selon moi insignifiant et de pure fantaisie.

marquable, elle a environ 150 ou 200 pieds de hauteur sur 60 de circonférence. Cette tour n'a pas de flèche, elle est seulement terminée par une espèce de balcon ou de balustrade en pierre qui règne tout autour ; telle est la forme des tours ou clochers principaux des bourgs et villes de toute la Hollande et pays environnants.

» Le quartier général fut établi sur la place, chez un riche bourgeois qui, en nous voyant entrer nous deux, C... et moi, nous salua et fit apporter de suite sur une table deux grandes pipes de terre cuite, une petite cassolette d'airain contenant du charbon ardent, une boîte ronde et épaisse fermée d'un couvercle de plomb et remplie de tabac à fumer, et un petit pot de faïence ayant l'embouchure très étroite, pour cracher dedans ; alors il nous fit ranger avec lui autour de cette table, nous présenta à chacun une pipe et nous montra les autres ustensiles dont nous devions nous servir. Nous fûmes l'un et l'autre fort étonnés de cet accueil comique pour nous ; cependant, pour ne pas paraître ignorer les usages du pays (car cette méthode est générale partout) et pour nous habituer à les suivre, nous nous mîmes à fumer tant bien que mal. Après un essai de deux ou trois minutes, nous ressentîmes, C... et moi, des nausées et des maux d'estomac qui durèrent deux ou trois heures ; cependant cela se calma peu à peu. Cet inconvénient m'est encore arrivé deux ou trois fois lorque je voulus fumer, ensuite je me suis familiarisé avec la pipe et depuis j'en ai toujours fumé une chaque jour sans en être incommodé, et même je m'en suis fait une habitude ou plutôt une nécessité telle que j'aurais de la peine à m'en passer.

» Le bourg de Hilverembeck étant assez étendu et permettant de s'y procurer du logement avec facilité, tous les officiers du quartier général se choisirent une maison séparée ; moi-même je fus logé seul chez un bourgeois dans une rue voisine ; il me donna un bon lit très propre, mais n'étant plus habitué à être couché si bien, je ne dormis pas beaucoup. Comme l'expérience prouvait à chaque instant qu'il ne fallait pas trop se fier à ces péquins, j'eus la précaution de tenir mon sabre nu à la tête de mon lit.

» Les représentants du peuple, plusieurs généraux et officiers généraux des autres divisions de l'armée vinrent aussi loger dans le bourg ; le général Pichegru y avait son logement à côté de celui du général Salme. Je me rappelle même que le lendemain de notre arrivée, les musiciens de son quartier général montèrent sur le balcon de la tour et jouèrent au moment du souper.

» Pendant notre séjour je m'achetai et me fis faire, au moyen des assignats qui me restaient, un gilet très mince et un pantalon bleu ; cela remédia un peu au dénuement où me mettait le retard de mon paquet.

» Le 28, on partit à 9 heures du matin pour se rendre aux environs d'Hoirscot, à trois lieues plus loin, et, comme nous partions, je vis les représentants Bellegarde et Lacombe (du Tarn) se promener devant le quartier général ; à 3 heures après midi, nous traversâmes Hoirscot, bourg plus considérable et plus beau encore que Hilverembeck. A une portée de canon, nous trouvâmes un château magnifique appartenant à un ministre protestant ; le quartier général y fut placé.

» Le général Pichegru avait dit la veille que le Comité de Salut public venait de lui ordonner de suivre l'ennemi sans relâche et lui livrer bataille à la première rencontre.

» Depuis mon arrivée à l'armée, il n'y avait encore eu aucune affaire, sinon quelques escarmouches d'avant-postes et de reconnaissances ; ce jour-là l'ennemi était très près de nous et l'armée avait même l'ordre d'occuper la position où il se trouvait ; il fallait donc en venir aux mains pour peu que l'ennemi voulût la disputer ; aussi le général Salme, ayant pris à la hâte un verre de vin au château, remonta à cheval avec quelques-uns de ses officiers et conduisit sa brigade à la position qui lui était désignée.

» Pendant la soirée, je m'amusai avec C… et d'autres officiers à parcourir les superbes appartements de ce château, ainsi que les bosquets, les avenues et les jardins magnifiques qui l'environnaient. Dans le cours de cette visite, nous trouvâmes entre autres choses un cabinet rempli de confitures, de sucreries et de liqueurs : nous voilà aussitôt à l'ouvrage, c'est-à-dire à décoiffer et vider tous ces vases délicieux. Dussé-je passer pour un gourmand, j'avouerai que pour ma part j'en vidai au moins trois ou quatre et les autres à proportion. Cette expédition finie, nous descendîmes dans une cave où étaient plus de six cents bouteilles de vin ; nouveaux motifs d'applaudissements ! Après que nous nous fûmes humectés de quelques gouttes de ce nectar salutaire, nous en délivrâmes aux troupes qui passaient et le reste fut réservé.

» Arrivés au jardin, nous y trouvâmes en abondance

toutes sortes de productions et de fruits, notamment des melons, des pêches, des abricots, des fraises, des framboises, des cerises, des poires, des pommes, etc. Ici, de grands bravos se firent entendre et les échos répétèrent à l'envi ces bruyants témoignages de notre satisfaction (1). Nous réjouir de cette découverte et en admirer le prix était trop peu pour nous ; aussi notre ravissement fut tel que, d'un mouvement spontané, les uns s'élancèrent jusqu'au sommet des arbres, d'autres se prosternèrent au pied des fraisiers. Telle est la bizarrerie de l'état militaire ; aujourd'hui l'on est toute la journée à étaler des dents de deux pieds sans pouvoir se procurer la moindre croûte de pain, et demain on nage dans l'abondance au point de jeter tout par les fenêtres !

» Le maître du château nous avait d'ailleurs laissé carte blanche. La plupart de ces seigneurs et de ces riches bourgeois ne daignaient pas même nous attendre et laissaient à peine un domestique ou une servante qui, quelquefois, nous découvraient ce que nous ne pouvions trouver et faisaient les honneurs de la maison. Les propriétés étaient cependant respectées scrupuleusement et quand on se permettait de satisfaire aux besoins les plus naturels, c'était avec circonspection, car la discipline était alors très sévère à l'armée.

» Vers les cinq heures du soir, étant à faire la récolte du jardin nous entendîmes une fusillade et une canonnade assez vives qui nous dénotèrent que nos

---

(1) Voir la note 3 page 16.

troupes avaient rencontré l'ennemi. Ces coups s'éloignèrent successivement jusqu'à 8 heures du soir, moment où ils cessèrent. Je passai la nuit suivante à terre, sur une natte de jonc, non à défaut de lit, car il n'en manquait pas dans ce château, mais parce qu'ils étaient déjà tous occupés.

» Le lendemain, matin nous fûmes prévenus que le général Salme avait son quartier général à deux lieues de là, au village de Liempd, et qu'on nous y attendait : nous partîmes donc après dîner et arrivâmes vers les quatre à cinq heures au quartier général, qui était placé chez nn pauvre paysan dont la maison sale et obscure annonçait la plus grande misère ; un officier de l'état-major que nous y trouvâmes nous donna des détails du combat de la veille, où il avait tellement assisté (*sic*) qu'il avait fait prisonnier un hussard et son cheval (1) (qu'il nous fit voir) et en avait couché beaucoup d'autres sur le carreau. Il nous raconta entre autres choses que le général Salme avait failli être pris, car le cheval qu'il montait, n'étant pas encore allé au feu, l'avait emporté rapidement à plus de vingt toises en avant de nos troupes, et, s'il n'eût pas employé toute son attention et toutes ses forces à le retenir, il eût été infailliblement entouré par les Anglais, qui s'avançaient déjà vers lui ; qu'au surplus le combat avait été tout à fait à notre avantage ; que 25 hussards avaient, en chargeant, fait déposer les armes à 1.500 hommes ; qu'on s'était emparé de beaucoup de chevaux, caissons, canons, etc., et que l'ennemi avait

----

(1) Voir la note 3 page 16.

été obligé de se retirer avec une grande perte, laquelle eût encore été plus considérable si un de nos obusiers n'eût pas été démonté. Cette action avait tellement répandu la frayeur dans les environs que tous les habitants s'étaient cachés et enfouis, au point que, la veille, le général et cet officier en cherchant à se coucher dans une grange, y trouvèrent, sous un monceau de paille, le curé et le vicaire du village avec leur servante; ces pauvres gens, tremblant de tous leurs membres, se jetèrent les mains jointes aux pieds du général, le suppliant en leur langage qu'il ne leur fût fait aucun mal. Le général, que cet événement fit beaucoup rire, les renvoya chez eux et leur persuada de se tranquilliser.

» L'ennemi, à ce que nous dit cet officier, était revenu le matin en force pour reprendre sa position, mais il fut encore repoussé. Le soir, après avoir mangé la soupe et le bouilli au milieu de tous les paysans de la maison qui nous examinaient en silence, nous fîmes couvrir de paille le pavé de la chambre et nous nous couchâmes tous dessus.

» Le 30 fructidor, on reçut ordre de partir pour se porter près de Zon, village à trois lieues plus loin sur la droite. En conséquence, la brigade, qui était campée en avant de Liempd, se mit en route à 7 heures et nous également. Après un quart d'heure de marche, nous trouvâmes une belle route pavée ; c'était celle de Bois-le-Duc à Maëstricht.

» Nous la suivîmes environ une heure, ayant des bois de chaque côté de nous. Là, nous trouvâmes un superbe chien limier ; le domestique du général le prit sur son cheval et l'emmena.

» Nous venions d'arriver dans une grande plaine lorsque le général Pichegru, qui passait par hasard, voyant un cabriolet à la tête des charrettes de l'armée, vint me demander (j'étais alors dans ce cabriolet avec le frère du général) à qui il appartenait ; je lui dis qu'il était au général Salme. « Si l'on souffre, dit-il, des » voitures de luxe à l'armée, au moins on ne doit pas » souffrir qu'elles marchent avant les équipages ; ainsi, » passez à la queue ». Nous allâmes donc nous placer derrière les autres voitures et il continua sa route.

» Les troupes arrivèrent enfin à leur position vers midi, et le quartier du général Salme fut placé à une demi-lieue, à Zon, chez un des plus riches paysans de ce village ; nous y fûmes assez bien, cependant les lits manquèrent comme à l'ordinaire et nous couchâmes encore sur la paille dans la même chambre où l'on mangeait : ainsi, pendant que les uns étaient à prolonger le repas dans la nuit, les autres étaient à ronfler à leurs pieds, ce qui donnait lieu de temps en temps à quelque niche.

» Le lendemain, nous eûmes la douleur, C... et moi, de trouver, jetés dans un ruisseau, d'excellents livres que nous avions eus au château de Hoirscot et que nous avions mis dans le fourgon afin de nous amuser à lire de temps en temps. Ce procédé révoltant et insensé venait, à ce que nous avons appris depuis, de la part du domestique du général, qui cependant l'a fortement désavoué ; l'impossibilité de remédier à cet accident et l'espérance de retrouver d'autres livres calma petit à petit le juste mécontentement que nous en avions.

» Le même jour, vers les trois heures du soir, le général Pichegru arriva devant le quartier du général Salme avec le représentant Lacombe (du Tarn) et quelques officiers ; mais, après s'être rafraîchis, car ils avaient très chaud, ils continuèrent leur route.

» Le 3ᵉ jour complémentaire, nous partîmes vers les dix heures du matin et nous arrivâmes vers les quatre heures du soir au château de la Drève, à trois lieues à la gauche de Zon ; ce fut dans ce château, appartenant à un riche bourgeois et situé près du village de Beack, que fut placé le quartier général. Le maître de ce château avait fait comme tous les autres : il était parti et n'avait laissé qu'un domestique et une servante.

» Vers les sept heures du soir, le général Salme, qui était allé voir sa brigade, ramena avec escorte une douzaine de militaires qu'il avait trouvés conduisant au camp une charrette remplie de provisions telles que : lard, beurre, œufs, jambons, volailles, etc., qu'ils venaient de piller aux environs : trois de ces militaires s'étaient déguisés pour mieux faire leur coup ; ils avaient pris des habits de paysans et s'en étaient vêtus depuis la tête jusqu'aux pieds. Tous ces militaires furent donc arrêtés et consignés au quartier général ; le lendemain, la commission militaire fut convoquée et en condamna quatre à mort, entre autres les trois déguisés.

» Aussitôt le jugement rendu, tous les corps de la brigade eurent ordre d'envoyer dans la plaine voisine un détachement sous les armes pour assister à l'exécution qui devait y avoir lieu ; on y fit venir aussi les paysans qui avaient été pillés pour être témoins de la

punition de ce pillage. Tout le quartier général monta
à cheval et se rendit dans la plaine ; ensuite les militaires composant la commission arrivèrent avec les
condamnés escortés de la gendarmerie. Rendus au lieu
même de l'exécution, au centre des troupes rangées
en bataille et à douze pas d'un détachement de dix-
huit hommes qui devaient fusiller, le président de la
commission lut aux condamnés leur jugement ; après
quoi la gendarmerie fit mettre ceux-ci à genoux, leur
banda les yeux et se retira : aussitôt le signal fut donné
et on fit feu sur eux. Les trois déguisés furent grièvo-
ment blessés, mais ils n'étaient pas morts ; ils se débat-
taient et jetaient des cris horribles ; l'autre n'avait pas
même été atteint et il se releva ; tout le monde et surtout
le général tempêtait de voir une maladresse aussi
cruelle, mais une 2e et une 3e décharge partirent et ils
furent tués.

» Malgré l'horreur d'un tel spectacle, ce qui m'a engagé à y assister, c'est moins la curiosité que le désir
d'habituer mes yeux à toute sorte de scènes militaires,
car cette habitude est indispensable à l'armée. Ce que
je dois mentionner, c'est la fermeté et le courage avec
lesquels sont allés à la mort et l'ont reçue tous ceux
que j'ai vu ainsi fusiller. Les trois déguisés sont ceux
qui se sont montrés les plus lâches ; ils avaient l'air
triste et abattu et pleuraient même ; l'autre, qui avait
son père et deux de ses frères dans son bataillon, qui
les voyait pleurer et leur entendait pousser des plaintes
amères, se rendit au lieu de l'exécution en fumant sa
pipe et en causant avec ses voisins : arrivé là, il appela
son père, lui remit sa montre et son portefeuille, lui

dit adieu ainsi qu'à tous ses camarades, protesta qu'il était innocent, se présenta à la mort d'un air fier et résolu, et tout cela sans verser une seule larme.

» Mais, après ce triste tableau, je tiens à narrer une scène amusante ; il s'agit d'un jeu dont le quartier du général Pichegru nous a fourni la première idée et que nous pratiquions souvent. Le soir de notre arrivée au château de la Drève, comme on se disposait à sortir de table, le général jeta sur les cheveux d'un officier le papier encore enflammé avec lequel il venait d'allumer sa pipe ; celui-ci le jeta sur un autre, ce dernier sur son voisin et ainsi de suite, de manière que tout le monde fut bientôt en mouvement et au lieu d'un seul papier allumé il s'en trouva une douzaine. Dans cette confusion générale, l'un cassait une assiette, un autre une bouteille, un troisième culbutait toute la table ; celui-ci recevait une claque de celui-là, les cheveux de cet autre étaient en feu, ce qui produisait le désordre le plus amusant.

» Je commençais en effet à m'en amuser, lorsqu'un coup de poing lancé par hasard sur mon œil gauche faillit me le jeter hors de la tête ; pour lors je me retirai lentement du combat et allai me coucher dans la vive persuasion que j'étais borgne pour toute ma vie. J'aurais bien désiré un bon lit pour me consoler, mais ma couche se composait d'une natte de jonc bien dure sur un plancher encore plus dur : j'étais couché aussi mollement que sur de la pierre et Dieu sait combien j'ai dormi avec mon œil poché au beurre noir ! Cependant le mal s'est calmé, l'œil s'est ouvert petit à petit et le lendemain matin on ne s'en apercevait presque plus ; le reste de la douleur ne m'empêcha pas même de bien rire de la plaisanterie suivante :

» Etant à déjeuner à la cuisine avec l'aide de camp du général, l'interprète entra d'un air triste et inquiet, disant que son chien était perdu, et demanda si quelqu'un ne l'aurait pas vu ? L'aide de camp, homme facétieux et badin, feignant de prendre part à l'inquiétude de l'interprète, lui dit d'un air bon et naïf : « Quoi ! votre chien serait perdu ? Il n'est pas possible ! » Il n'y a qu'un instant que je l'ai vu ; tout à l'heure » encore il se promenait dans cette cour la canne à la » main. » A ces mots tout le monde éclata de rire et l'interprète lui-même, qui, peu auparavant, était désolé, se mit à rire de tout son cœur et fut consolé de la perte de son chien.

» Le même jour, étant à débarrasser et à ranger la chambre que j'occupais, je trouvai un bonnet de police de drap bleu de ciel ayant en tête une grenade et derrière une fleur de lys en fil d'argent ; cette fleur de lys me donna à penser que le bonnet venait d'un émigré qui l'avait oublié dans ce château ; en effet, j'appris depuis que plusieurs émigrés avaient passé là quelques jours.

» Dans la journée, le général Salme reçut une lettre du général Pichegru par laquelle il lui donnait le commandement de la 4e division dont sa brigade faisait partie, attendu que le général qui la commandait venait d'être envoyé sur les derrières.

» Le 5e jour complémentaire, nous partîmes du château vers les six heures du matin et nous arrivâmes vers les six heures du soir à la position qui était destinée aux troupes. Le quartier général fut établi à un quart de lieue de là, chez un paysan, à Vorstembasch, village à quatre lieues à la gauche du château que nous venions de quitter. En arrivant chez ce paysan, je me sentis bon appétit, et, les vivres n'étant pas encore préparés, nous prîmes le parti, C... et moi, de demander du lait doux avec du pain, plein un grand plat, au péquin de la maison ; nous en eûmes à volonté et par ce moyen nous nous mîmes à même d'attendre le souper..... »

Nous terminons à regret la copie des mémoires du secrétaire du général Salme pour suivre d'après ses notes, mais d'une façon moins détaillée, les opérations de la 4e division de l'armée du Nord, (Voir appendice II.)

Sans prendre une part directe au siège de Bois-le-Duc, la brigade Salme y coopéra cependant en s'emparant du fort de Crèvecœur ; les résultats de ce coup de main furent 27 bouches à feu et 400 prisonniers.

L'enthousiasme des troupes était indescriptible : un chasseur du 19e régiment d'infanterie, 38e demi-brigade, écrivait le 6 vendémiaire an III républicain :

« Je me croirais ingrat si je manquais jusqu'à un tel point que de ne pas vous apprendre les conquêtes que les républicains français font sur les esclaves... »

Les bivouacs retentissaient de chants d'allégresse ; le chasseur vosgien de la 38e demi-brigade nous fait connaître l'un de ces chants :

LA VICTOIRE EN PERMANENCE

Hymne au Comité de Salut public de la Convention.

1er COUPLET

Salut public, dieu de la France,
Grâce à tes soins, à tes vertus,
La victoire est en permanence,
Les tyrans partout sont battus ;
Chaque jour, victoires nouvelles,
    Nouveaux lauriers.
La liberté donne des ailes } *bis*
    A nos guerriers !

2e COUPLET

Vainement, l'Anglais nous menace
D'embraser Dunkerque et son port ;
Le danger accroît notre audace,
L'Anglais fuit ou trouve la mort.
Pour cueillir palmes immortelles,
    Nouveaux lauriers,
La liberté donne des ailes } *bis*
    A nos guerriers !

3e COUPLET

Maubeuge arrête les despotes,
Il est pris s'il n'est secouru ;
Vers lui volent les patriotes,
Les esclaves ont disparu.
Pour unir des palmes nouvelles
    A leurs lauriers,
La liberté donne des ailes } *bis*
    A nos guerriers !

4e COUPLET

Noble, abbé, robin, royaliste,
Dans Lyon conspirent en vain ;
Le peuple accourt, rien ne résiste
Au courage républicain.
Pour punir des Français rebelles
    Dans leurs foyers,
La liberté donne des ailes } *bis*
    A nos guerriers !

5ᵉ COUPLET

En vain Toulon a l'infamie
D'ouvrir son port aux ennemis ;
Il se vend à la perfidie,
Par la valeur il est soumis.
Pour chasser tyrans et rebelles
    De nos foyers,
La liberté donne des ailes
    A nos guerriers ! } *bis*

6ᵉ COUPLET

De l'Angleterre et de l'Espagne
Toulon rassemble les vaisseaux ;
La foudre part de la Montagne,
Ils disparaissent dans les eaux.
Frémissez, fauteurs des rebelles,
    Pour vos foyers ;
La liberté donne des ailes
    A nos guerriers ! } *bis*

7ᵉ COUPLET

Des vils esclaves de l'empire
La France eût été le tombeau
S'ils n'eussent abandonné Spire
Pour fuir les vengeurs de Landau.
Pour sauver des Français fidèles
    Dans leurs foyers,
La liberté donne des ailes
    A nos guerriers ! } *bis*

8ᵉ COUPLET

Des brigands l'entière défaite
Rendra nos succès plus aisés.
En vain ils cherchent leur retraite
Dans leurs repaires embrasés.
Pour chasser ces hordes cruelles
    De nos foyers,
La Liberté donne des ailes
    A nos guerriers ! } *bis*

9e COUPLET

Salut public ! c'est la constance
Qui fait triompher les Français ;
Reste encor, reste en permanence,
Nous aurons toujours des succès ;
Nous aurons victoires nouvelles,
Nouveaux lauriers.
La liberté donne des ailes
A nos guerriers !   } bis

(Voir la musique à l'appendice III.)

Après la prise de Bois-le-Duc (1) par la division Souham, la division du général Bonneau avait com-

---

(1) Un témoin oculaire, Cottenot, de Grand (Vosges), raconte ainsi cet important fait d'armes : « Tu ne peux croire combien la prise de Bois-le-Duc est avantageuse à la République et comment cette ville si forte a pu se rendre sans avoir encore reçu dans son enceinte aucune bombe, car les munitions et les pièces de siège ne sont arrivées en entier que le lendemain de la reddition de cette ville.

» Une inondation large d'une demi-lieue entoure presque entièrement la ville, de façon qu'on ne peut en approcher que de l'autre côté et très difficilement ; outre cela les remparts et toutes sortes de fortifications la défendaient tellement que la ville ne pouvait jamais être prise, mais brûlée seulement à force de temps.

» Les circonstances prouvent que les républicains ne trouvent rien d'impossible et qu'ils sont venus à bout, en très peu de temps, de prendre une ville qui jamais n'avait été prise. Cela fait honneur au courage des défenseurs de la Liberté, qui, malgré la pluie et un feu continuels, travaillaient avec une ardeur inexprimable.

» Les émigrés avaient voulu se soustraire à leur juste punition en se cachant dessous des sacs dans les caissons de la garnison hollandaise lorsqu'elle évacua cette ville ; mais ils ont été trouvés et aucun n'a échappé : on en fusille tous les jours.

» Le 28 du mois dernier, nous avons encore attaqué l'ennemi avec qui nous nous sommes battus toute la journée et à qui nous avons pris un régiment d'Anglais de cinq cents hommes.

» Enfin, si je voulais t'entretenir de nos triomphes, je ne finirais pas. C'est dommage qu'on pille les habitants de ce pays, ce qui fait qu'ils nous en veulent. Dernièrement, j'ai failli être assassiné près de Bois-le-Duc ; je voyageais seul de nuit et sans armes ; sans deux hussards, dont le citoyen Villers, natif de Metz, maréchal des logis au 9e régiment de hussards, brigade de Deventer, division Souham, trois paysans m'allaient tuer sans m'en apercevoir. Ces sortes d'événements arrivent très souvent. »

mencé l'investissement de la place de Grave; le général en chef jugea que la brigade du général Salme serait suffisante pour tenir Grave en échec.

Le siège de Grave (1) ayant mis bien en évidence les brillantes qualités militaires du général Salme et ayant été son fait d'armes le plus glorieux, nous donnerons sur ce siège les détails les plus précis, extraits de documents absolument authentiques et inédits pour la plupart.

Le 25 vendémiaire, toutes les troupes de la division avaient eu ordre du général Salme de se tenir prêtes à partir sur-le-champ pour aller remplacer devant Grave la division du général Souham qui devait passer sur la rive droite de la Meuse; mais le pont qu'on établissait à Teffelen pour ce passage n'ayant pas été prêt au moment qu'on l'espérait, la division reçut ordre et contre-ordre plusieurs fois dans le jour; enfin tout étant disposé pour le départ de la division Souham, la division Salme reçut définitivement ordre de partir le 26, à dix heures du matin, pour sa destination, et fut placée ainsi qu'il suit :

Le 1er bataillon de la 131e demi-brigade se rendit le 26 à Teffelen pour y garder le pont qu'on venait d'établir sur la Meuse.

Lahure (2), qui était à Herpen, se dirigea avec toutes ses troupes sur Velp, où il plaça les six compagnies réunies qui s'étendirent jusqu'à Loon, sur le bord de

---

(1) Voir appendice IV.

(2) Officier remarquable qui fit toute les campagnes de 1792 à 1815. Baron de l'Empire, retraité comme lieutenant général en 1818.

la Meuse, et le 3ᵉ de tirailleurs sur la route de Grave à Bois-le-Duc, avec la pièce d'artillerie légère et le régiment de chasseurs à cheval, en laissant quelques chasseurs avec les six compagnies réunies.

Le 5ᵉ bataillon franc, qui était à Berckem et Megen, fut placé derrière Esteren avec une compagnie de chasseurs à cheval; ils gardaient le pont entre la Meuse et le ruisseau qui passe à Esteren.

Deux escadrons du 19ᵉ furent placés à l'avant-garde, sur le chemin de Grave, avec une pièce de huit de l'artillerie légère, et l'autre pièce d'artillerie fut laissée au reste du régiment, qui campa avec la 131ᵉ demi-brigade entre Scheyck et Reck; le 1ᵉʳ bataillon de la Somme à Velp et les deux autres de la 38ᵉ demi-brigade devant Grave; la pièce de douze fut placée à l'endroit où était la potence.

Toutes les troupes, excepté la 131ᵉ demi-brigade et partie des chasseurs réunis et du 19ᵉ régiment étaient alors sous le canon de Grave; et la division du général Souham étant relevée, se rendit à Teffelen, par Osck, ce jour 26, afin de passer la Meuse pendant la nuit.

Tout ainsi disposé, le général recommanda aux troupes la plus grande surveillance, attendu le peu de monde qui se trouvait devant Grave. Il fut prescrit à l'artillerie et à la cavalerie de tenir les chevaux continuellement harnachés et aux volontaires de ne s'écarter nullement du camp, de se tenir toujours prêts à prendre les armes, la nuit comme le jour; et pour que personne ne s'écartât, le général donna ordre de faire trois appels par jour.

Le citoyen Dusaussay eut ordre de faire la nuit de

fréquentes patrouilles vers la porte de Grave, afin de surveiller avec le plus grand silence si l'ennemi faisait quelque tentative.

Les rondes d'état-major et de bataillon furent ordonnées scrupuleusement; on délivra aux troupes la paille qui avait servi à la division qu'elles relevaient.

Le quartier général fut installé à Reck. Après la victoire d'Oude-Watering, Pichegru, cédant aux sollicitations du général Salme, lui envoya quelques renforts.

Le général major de Bons, qui commandait Grave, était un adversaire digne du général Salme : il se conduisit avec beaucoup de courage et de fermeté et sut faire partager à la garnison les sentiments qui l'animaient. Aussi le général Salme, stimulé par la résistance de son brave ennemi, mit-il tout en œuvre pour se rendre maître de la place.

Les deux généraux, tout en luttant avec l'énergie du patriotisme qui distingue ces temps héroïques, s'estimaient profondément.

Les déserteurs hollandais renseignaient l'état-major sur la situation pénible dans laquelle se trouvaient les assiégés, et le général Salme comptait beaucoup sur les embarras de la place pour s'en rendre maître avec le moins d'effusion de sang possible, en maintenant très serrés ses divers cantonnements.

En effet, dès la première nuit, trois déserteurs de Grave arrivèrent aux avant-postes : Desgraviers (1), qui commandait le 2ᵉ bataillon de la 38ᵉ demi-brigade

---

(1) Tué comme général, le 12 juillet 1812, à la bataille des Arapiles (Espagne).

bivouaqué auprès du moulin de Reck, les envoya au quartier général.

Dans la nuit du 27 au 28, il arriva encore trois déserteurs.

Le 29, les compagnies de carabiniers du 3e de tirailleurs et du 5e franc furent placées devant la maison que venait de quitter Lahure ; on construisit deux ponts sur la petite rivière qui se trouvait derrière les troupes de Lahure, afin qu'au besoin, elles pussent regagner la bruyère.

Les chasseurs réunis furent rapprochés d'Esteren, où étaient les troupes de l'avant-garde. Lahure reçut ordre de faire faire des patrouilles le long de la Meuse jusqu'au delà de Cuyck, et d'ordonner aux chefs de postes de rendre tous les matins un compte exact de ce qu'ils auraient entendu ou observé. Un fort poste fut mis sur le chemin qui est droit à la ville contre la digue du côté d'Esteren.

Les chasseurs à cheval, qui étaient avec les chasseurs réunis, rentrèrent à leur régiment, et le 2e bataillon de la 131e demi-brigade occupa, avec un escadron du 19e de cavalerie, la position qu'avaient les six compagnies de chasseurs avant qu'elles ne rentrassent à l'avant-garde.

Le 1er brumaire, le général, ayant eu avis de Lahure que quelques soldats avaient été blessés, crut devoir attribuer ces accidents à ce que les factionnaires provoquaient le feu de l'ennemi en tirant eux-mêmes des coups de fusil sur lui, et à ce que les soldats se groupaient, ce qui engageait l'ennemi à tirer sur eux en voyant plusieurs militaires rassemblés : il défendit aux factionnaires de tirer, et par un ordre exprès aux volontaires de se réunir à la vue de l'ennemi.

Le même jour, cinq déserteurs arrivèrent, et deux autres le 4 brumaire.

Le 5, le commandant du 1er bataillon de la 131e demi-brigade eut ordre de faire relever tous les postes et de se rendre à Velp avec son bataillon, pour y relever le 2e de cette demi-brigade, en passant par Reck, et de là à Velp par le chemin où était campé le 19e de cavalerie, d'occuper tous les postes du 2e bataillon, étant indispensable que ces postes fussent relevés avant la pointe du jour, et de laisser une compagnie de son bataillon pour la garde du pont de Langel. Le même jour, le commandant de la 131e demi-brigade était prévenu de ce mouvement ; en conséquence, dès que le 2e bataillon serait relevé par le 1er, il eut ordre de lui faire rejoindre le 3e, afin que ces deux bataillons partissent le 6 au point du jour pour aller relever avec un escadron de cavalerie deux bataillons de la division Souham qui étaient en observation vis-à-vis une redoute qui couvre la Meuse devant Grave, et de faire camper ces deux bataillons devant les villages d'Heer-Asselt et d'Over-Asselt, une compagnie de cavalerie avec chaque bataillon. « Ils couperont et embarrasseront d'abatis les avenues qui mènent de cet ouvrage à leurs postes, et communiqueront entre eux par des gardes, de manière que rien ne puisse en sortir ; ils seront conduits par un officier d'état-major. »

Le même jour, 5 brumaire, la division reçut la nouvelle de la prise de Venloo.

Le 6, les six compagnies de chasseurs réunis eurent

ordre de se rendre avec le 1er bataillon à Velp, pour partager avec lui le service et les postes qu'occupait le 2e bataillon de la 131e demi-brigade.

Le 7, un chasseur à cheval porteur d'ordonnances perdit le mot d'ordre, qui, à cette occasion, fut changé dans toute l'armée; cependant il fut retrouvé cacheté, par un paysan qui le rapporta.

Le général fit défense aux troupes de prendre du bois provenant de maisons brûlées et démolies du village de Velp, les habitants étant déjà assez malheureux sans que l'on vînt aggraver leurs maux par l'enlèvement du peu qui leur restait.

Le 8, les postes avancés arrêtèrent un particulier de Grave qui se dit sorti de cette ville depuis quatre semaines; on ne put en tirer aucun renseignement.

Les volontaires manquant de paille pour le couchage, le général écrivit au commissaire des guerres d'aviser sur-le-champ à tous les moyens de leur en procurer.

Les trois compagnies de chasseurs réunis de la 131e demi-brigade eurent ordre de se rendre de l'autre côté de la Meuse, où elles étaient nécessaires pour la nuit, et le citoyen Dusaussay eut ordre de faire prendre les armes le lendemain de très bonne heure à toutes les troupes sous ses ordres, de faire partir le 1er bataillon de Paris à Velp, au premier coup de fusil qu'il entendrait et de redoubler de surveillance.

Les mouvements qu'on avait vu faire à l'ennemi donnaient à soupçonner qu'il projetait une sortie pour la nuit du 8 au 9; en conséquence, sur le rapport qui en fut fait au général, il envoya sur la rive droite trois compagnies de chasseurs réunis pour y être employées au besoin. Desgraviers, qui était avec sa demi-brigade et un escadron de chasseurs à cheval sur la rive droite, eut ordre de tenir prêt cet escadron à charger impitoyablement et de placer le plus avant possible dans la prairie des postes de chasseurs qui pussent l'avertir rapidement.

Le général lui écrivit de garder surtout la gauche par des patrouilles qui se succéderaient, parce que si l'ennemi concevait le dessein de sortir, il le ferait plutôt de ce côté.

« Place tes pieux, recommandait le général, et ne tire qu'à mitraille ; fais beaucoup employer le cri de *tue, tue*, s'il arrive quelque chose ; cela le déconcertera et cela fait plus souvent d'effet, la nuit, que les coups de fusil. Si quelqu'un t'apportait des ordres, ne les exécute point qu'ils ne soient écrits ou que ce, ne soit quelqu'un de mon état-major que tu connaisses bien ; fais arrêter celui qui, la nuit, s'en dirait porteur. »

Le même jour, il fut rapporté au général que le chef de bataillon Mangeot avait vu passer dans le fort un bataillon et de la paille qu'on y transportait ; en conséquence, il écrivit de nouveau à Desgraviers de tenir sa troupe en état de défense toute la nuit et de tomber sur l'ennemi avec vigueur s'il tentait un coup de main.

Le 12, un déserteur Suisse arriva de la ville de Grave ; le même jour, les pluies continuelles augmentèrent les eaux de la Meuse, ce qui endommagea un peu notre pont établi sur cette rivière près de Langel, mais il fut bientôt rétabli ; les troupes d'outre Meuse éprouvèrent néanmoins du retard dans la distribution des subsistances.

Le général, instruit que des volontaires coupaient le bois qui se trouvait en avant de leur bivouac pour se chauffer et faire leur soupe, ordonna aux chefs de corps de veiller à ce que cet abus cessât; toutes les broussailles étant des espèces de retranchements mettant à l'abri des coups de canon que l'ennemi pouvait lancer de Grave et l'empêchant de voir au juste les positions françaises. Instruit aussi que malgré la défense expresse faite à qui que ce fût de chasser ou de tirer des coups de fusil inutilement, bien des militaires se permettaient d'enfreindre cette défense; il la réitéra de nouveau, cet abus étant d'un grand inconvénient, vu qu'il met tous les postes en alarme par les coups de fusil redoublés qu'ils entendent sans cesse autour d'eux.

Le 13, le citoyen Desgraviers eut ordre, sur la demande de l'adjudant Guilleminot (1), d'envoyer sans délai tous les sapeurs de sa demi-brigade au pont de Langel, pour réparer le chemin entre la Meuse et le village de Wychen.

Le 14, deux déserteurs vinrent de Grave; à leur arrivée on leur donna du pain qu'ils dévorèrent avec grande avidité; ils en avaient un petit morceau qui leur était, à ce qu'ils dirent, donné pour deux jours.

Selon leur rapport, il n'y avait dans la ville ni tabac. ni eau-de-vie, ni thé, ni café, et l'on y était dans la plus grande misère.

____

(1) Depuis lieutenant général et directeur du dépôt de la guerre.

Ce même jour, le général Salme défendit expressément pour la troisième fois, et sous la responsabilité des chefs de corps, de couper du bois en avant du camp, de même que de chasser aux environs; et pour cet effet la gendarmerie eut ordre de faire des patrouilles autour du camp pour empêcher ce désordre.

Comme quelques tirailleurs sortaient tous les jours de Grave à la pointe du jour pour surprendre les sentinelles avancées du 1er bataillon de la 131e demi-brigade qui était campé à Velp, le général donna ordre, le 15 brumaire, au chef de ce bataillon, de faire pratiquer une embuscade dans un grand fossé qui se trouvait en avant de ses postes, afin de pouvoir en surprendre ou, au moins, en tuer ou blesser quelques-uns, en ayant soin de ne faire tirer qu'à bout portant.

Le citoyen Lahure eut ordre de faire brûler, le soir de ce jour, un petit pont que l'ennemi avait jeté la nuit précédente sur le ruisseau venant de la Meuse et près duquel était le poste de ses carabiniers; de faire aussi des coupures et abatis sur la petite digue où étaient placés les factionnaires de ces compagnies; d'envoyer examiner au jour tombant si l'ennemi avait coupé la digue de la Meuse, comme on l'avait présumé, et d'en rendre compte sur-le-champ.

Un déserteur arriva encore ce jour-là. Le général avait dessein et avait même obtenu la permission du général en chef d'abattre à coups de canon un moulin qui était sur les remparts de Grave et qui tournait continuellement, ce qui était très utile aux assiégés pour moudre leur grain; mais comme il eût fallu éloigner de la ville les troupes et les postes, et que par là c'eût

été donner aux assiégés la faculté de sortir pour cueillir des légumes ; que, de plus, ils auraient pu nous inquiéter davantage, ce qu'ils pouvaient alors faire d'autant moins facilement que, serrés comme ils l'é-
taient, ils ne pouvaient mettre qu'une sentinelle
hors de la barrière, — alors le général, gagné par
toutes ces considérations, renonça au projet de brûler
ce moulin.

Comme l'eau pouvait couper la voie de communi-
cation de la 38ᵉ demi-brigade avec l'avant-garde, le
général écrivit encore, le 15 brumaire, à Lahure, de
prendre un moyen pour qu'elle restât libre, et de faire
mettre des fascines aux approches du pont qui était
derrière lui.

Le même jour, on rapporta au général que l'ennemi
avait abaissé ou même coupé la digue près Grave et
Esteren, et qu'un petit ruisseau près de ce village était
débordé ; que même on croyait que l'ennemi avait
trouvé le moyen d'en arrêter le cours ; cependant cette
inondation ne nous gênait pas au point de ne pouvoir
communiquer. D'ailleurs, le général avait fait faire un
pont en arrière du village et pris tous les moyens pour
parer à cet inconvénient. Il ordonna aux chefs de brigade de s'assurer — et pour cela de pousser des sentinelles le plus près possible de Grave — si, en effet,
l'ennemi avait abaissé ou coupé la digue ; que, au cas
où cela fût, ils la fissent réparer tout de suite et
usassent de surveillance pour que cela n'eût plus lieu.

Le rapport des avant-postes constata que l'ennemi
avait voulu, la nuit, feindre une sortie par le fort sur
la rive droite ; qu'on s'était fusillé et canonné dans les

ténèbres à tort et à travers, sans que nous ayons eu même de blessés. Cette fusillade et cette canonnade avaient pour but de se faire entendre par ceux des siens qui étaient près de Nimègue et de leur donner à croire qu'il tentait une sortie. Au reste, celle-là ne fut pas des plus chaudes, car, selon les rapports, il sortit seulement de Grave cinquante hommes pour prendre quelques renseignements sur la situation de nos postes.

La nuit du 15 au 16 brumaire, les volontaires ayant allumé du feu dans leurs baraques, il y eut des fusils et des sacs brûlés, et, sur le rapport que le général en reçut le 16, il défendit expressément et sous la responsabilité des chefs de corps, de faire dorénavant du feu dans les baraques.

Le général apprit aussi que l'ennemi avait travaillé à couper la digue et l'avait même un peu endommagée, mais qu'elle avait été aussitôt réparée : il se rendit lui-même sur les lieux pour voir l'état de cette digue et ne la trouva pas assez solidement rétablie; en conséquence, de crainte que l'eau n'entraînât la terre qu'on y avait mise, il fit planter de grands piquets de chaque côté avec des fascines entre et de la terre qui fut tassée avec une dame.

Dans la prévision d'un siège en règle, le grand parc envoya au général Salme quatre pièces de 24, qui, en attendant les préparatifs de ce siège, furent placées en bas de la digue, sur le chemin conduisant de Reck à Langel, et on mit à leur garde *quatre hommes et un caporal* (1).

---

(1) Textuel dans les notes du secrétaire du général Salme.

En cas d'une sortie par la garnison de Grave, le général Salme donna, le 17 brumaire, aux troupes d'investissement, l'ordre de se disposer de la manière suivante :

Si cette sortie se faisait sur la rive gauche de la Meuse, vers les troupes commandées par le citoyen Lahure, le 3e bataillon de tirailleurs se porterait lentement, dans le plus grand ordre et le plus grand silence, au premier avis de cette sortie, sur Grave, la droite appuyant à la digue ; le 5e bataillon franc exécuterait le même mouvement, sans tirer un coup de fusil, venant appuyer sa droite en avant de la maison où le citoyen Polard tient son bureau, la gauche longeant vers les carabiniers ; les chasseurs à cheval et les canonniers de l'artillerie légère, lestement à cheval, se porteraient dans la plaine, en avant du camp, pour être employés partout où le cas l'exigerait.

Les deux compagnies de carabiniers défendraient le pont et la position qu'elles occupent : toutes les troupes ainsi disposées seraient conduites au pas de charge sur l'ennemi, avec le cri usité, et le forceraient à rentrer dans la ville ; puis, lorsqu'on le verrait fuir, tout cri cesserait près de la ville et la baïonnette ferait son jeu ; il serait alors possible qu'avec de la vigueur on se rendît maître de la ville en y entrant avec lui, ou, au moins, ils n'y rentreraient pas tous.

Si l'attaque des assiégés se dirigeait contre les troupes commandées par le citoyen Dusaussay, sur le chemin de Bois-le-Duc, les troupes prendraient immédiatement les armes ; le 2e bataillon de la 58e demi-brigade se rendrait rapidement et en silence dans le chemin qui conduit à Esteren, la droite au pont, les grenadiers restant sur le chemin de Grave avec une des deux pièces, l'autre marchant à la droite du bataillon ; les grenadiers soutiendraient là leur pièce et celle de 12 placée dans la redoute ; le 3ᵉ bataillon se porterait en avant du camp, la droite à la hauteur des grenadiers du 2ᵉ bataillon ; le 1ᵉʳ ferait de même en avant de la position qu'il occupe, la droite vers le 3ᵉ bataillon et la gauche vers Velp.

Le 1ᵉʳ bataillon de la 131ᵉ demi-brigade se porterait avec le plus de promptitude possible en avant de Velp ; et si l'attaque se dirigeait sur ce point, le 1ᵉʳ bataillon de la 38ᵉ demi-brigade y convergerait pour soutenir ce bataillon faible par son nombre. Les trois compagnies de chasseurs réunis se rendraient à la gauche de Velp, où elles défendraient la digue et contiendraient l'ennemi dans la prairie ; les postes d'infanterie et de cavalerie placés dans cette partie tiendraient ferme pour attendre l'arrivée des troupes plus éloignées. La cavalerie et les canonniers d'artillerie légère seraient à cheval et prêts à recevoir les ordres. Tout ainsi disposé, on en userait de même pour repousser l'ennemi et le forcer à rentrer dans la ville, comme il est dit pour les troupes de l'aile droite.

Si l'ennemi, au contraire, voulait faire une sortie sur la rive droite de la Meuse par l'ouvrage avancé, toutes les troupes aux ordres du citoyen Desgraviers prendraient les armes, se placeraient sur le parapet qu'elles ont construit dans la digue, les pièces d'artillerie placées et chargées à mitraille, et, laissant approcher l'ennemi à portée des deux armes (1), feraient une décharge générale ; après quoi elles sauteraient dans la prairie, poursuivraient avec la mâle vigueur des républicains l'ennemi pour le forcer à la retraite et le faire rentrer dans son fort, toujours par les moyens indiqués, immanquables. L'escadron de chasseurs serait à cheval, et, comme ce terrain ne paraît guère praticable pour les chevaux, une compagnie et même toutes se porteraient à la gauche, devant Over-Asselt, où elles pourraient servir mieux que partout ailleurs, surtout si l'ennemi paraissait avoir des intentions de ce côté.

Ce même jour, la division reçut la nouvelle de la prise de Maëstricht et du fort de Schenck. Le général Salme, jugeant le moment opportun, fit aussitôt cette sommation au général de Bons :

« Au quartier général à Reck, le 17 brumaire, an III républicain.

» *Le général Salme, commandant les troupes devant Grave, au commandant de cette place.*

» Maëstricht vient de tomber au pouvoir de la République, de même que le fort de Schenck : vous n'avez plus d'espoir d'être secouru. Je vous donne deux heures pour recevoir une capitulation honorable, passé lequel temps vous ne pourrez plus en espérer. L'officier chargé de ma dépêche vous donnera les explications que vous pourrez désirer. »

---

(1) A deux portées de fusil.

Général Salme. 5

Le général de Bons répondit :

« Grave, le 7 novembre 1794.

» Mon général,

» La place qui m'est confiée est dans un très bon état de défense et pourvue d'une brave garnison ; j'espère me montrer digne de la commander.

» Mon général,
» Votre très humble et très obéissant serviteur,

» A. DE BONS,

» *Général-major commandant.* »

Complétant ses moyens d'attaque, le général Salme fit construire un pont de bateaux très solide près du village d'Esteren.

Le lendemain, la division apprit que Nimègue était rendue, que les Anglais s'étaient sauvés de cette ville la nuit précédente et y avaient laissé les Hollandais qui ne purent en sortir, car, de peur d'être poursuivis, les Anglais avaient fait sauter le pont.

Le même jour, un parlementaire vint de Grave apporter des lettres de la garnison de cette ville pour les faire passer en Hollande à leur destination.

La lettre ci-dessous était adressée au général Salme :

« Grave, le 8 novembre 1794.

» Mon général,

» L'officier d'état-major que vous m'avez envoyé hier m'a fait espérer que vous voudriez bien faire parvenir en Hollande, par un parlementaire, les lettres ci-jointes à mon épouse et à celles de quelques officiers de l'état-major, d'autant plus qu'elles ne contiennent que des affaires de famille et rien qui puisse avoir rapport à notre situation ni à la partie militaire de cette place. Soyez persuadé, mon général, qu'à votre place je me ferais un plaisir de satisfaire à une demande si naturelle et que je me nomme très parfaitement,

» Mon général,

» Votre très humble et très obéissant serviteur,

» A. DE BONS,

» *Général-major commandant.* »

Le général Salme répondit :

« J'ai reçu par un officier de votre état-major les lettres que vous voulez faire passer en Hollande ; soyez persuadé qu'elles seront envoyées avec exactitude et fidélité. »

Le 19 brumaire, le citoyen Dusaussay eut ordre du général Salme de faire par des grenadiers, tous les matins, l'embuscade que faisait le 8e de Paris ; de faire fournir par ce bataillon et le 1er de la Somme les postes que fournissait le 3e de tirailleurs, et de faire aussi remplacer par des chasseurs réunis les deux compagnies de carabiniers qui étaient au pont et qui rentraient dans leur corps ; tout cela le lendemain.

Le même ordre chargeait le citoyen Dusaussay du commandement de toutes les troupes de la rive gauche ; en conséquence, elles recevraient de lui tous les ordres relatifs au service ; les rapports journaliers lui seraient adressés directement et il les ferait passer au quartier général. A cause de ces détails, il aurait seul le droit d'être logé dans une maison à proximité des troupes. Le général profita aussi de cette circonstance pour renouveler la défense expresse que fit le général en chef, le 5e jour complémentaire, à tous les officiers et chefs de corps, de quitter leurs bivouacs pour se loger dans des maisons.

Le même jour, le général, que des plaintes continuelles sur les chasseurs avaient forcé d'ôter au citoyen Lahure le commandement de l'avant-garde dont ils faisaient partie et d'en charger le citoyen Dusaussay, le rendit au citoyen Lahure en l'engageant à faire tout son possible pour faire rentrer dans le devoir les insubordonnés et en lui enjoignant de veiller à ce que tous les officiers couchent indistinctement au bivouac, de faire des rondes et des appels de nuit, et conduire au quartier général ceux qui ne se conformeraient pas à ces ordres.

Le 20, le général, assisté d'un artiste vétérinaire, passa en revue les chevaux malades du 13e régiment de chasseurs ; à la suite de cette revue, le 19e de cavalerie eut ordre de se cantonner, le lendemain au plus tard, à Reck et à Schayck, en mettant la plus grande partie à Reck. Les chasseurs à cheval le furent à Esteren ; ils eurent ordre néanmoins de tenir toutes les nuits la moitié des chevaux, par compagnie, tout sellés et équipés.

L'artillerie légère fut de même cantonnée dans des fermes près de Reck, derrière le camp.

Cela tint à ce que le froid commençant à se faire

sentir vivement, les chevaux ne pouvaient passer la nuit au bivouac.

Le général, ayant remarqué que les chemins conduisant de Grave aux troupes de l'aile droite sur la rive gauche n'étaient pas assez embarrassés d'abatis, ordonna au citoyen Lahure de les couvrir davantage.

Le 21 brumaire, le général Salme défendit expressément aux avant-postes, sous la responsabilité des chefs de corps, de recevoir aucun habitant venant de Grave, de les laisser même approcher, en les menaçant de faire feu sur eux. Cette mesure était d'autant plus importante que la garnison n'ayant de vivres que pour elle et obligée de nourrir les habitants, la consommation en serait plus tôt faite.

Il réitéra encore la défense de faire du feu la nuit dans les baraques, en prévenant les volontaires qu'il leur ferait payer le dommage qui proviendrait de cet abus.

La nuit du 21 au 22, un chasseur à cheval du 13e déserta à Grave ; ce fait inouï attrista profondément le général Salme, qui recommanda de tenir secrète, autant que possible, cette inconcevable lâcheté.

Le 22, un déserteur arriva de Grave ; le même jour un homme de Grave réfugié à Megen et dont le fils était un des entrepreneurs des magasins de Grave, donna au général Salme l'aperçu suivant des vivres qui pouvaient être dans cette place :

1.000 sacs de seigle ; 100 sacs de froment ;

10.000 livres de riz ; 10.000 livres d'orge pilée ;

5.000 livres de stock-fisch ;

100 bœufs et une certaine quantité de moutons ramassés dans le pays de Cuyck ;

Une certaine quantité de fromage et de genièvre, mais pas de magasin de tabac.

Le 23, un homme fut arrêté aux avant-postes.

Le 24, le général eut de nouveaux renseignements sur l'approvisionnement de la place de Grave.

Le meunier de cette ville avait moulu pour le magasin : 1.200 sacs de seigle; 450 sacs de froment; on a transporté de Nimègue, en un jour, 100 sacs de froment; le pays de Cuyck a été obligé de fournir tout son blé moulu ou non.

Plus de trente voitures ont été mises en réquisition pour transporter de Nimègue et d'Arnheim du blé journellement.

Il y a quatre semaines, il y avait en magasin 1.500 sacs de seigle et 1.200 sacs de froment; jusqu'à ce temps-là on n'avait pas encore touché au magasin; les boulangers ont été obligés de fournir journellement 150 pains à 10 livres 1/2; ils manquaient alors de bois.

Le 25, un officier de la garnison de Maëstricht arriva chez le général Salme et l'invita à envoyer un parlementaire au commandant de Grave pour qu'il permît que des bateaux chargés des équipages de la garnison de Maëstricht descendissent la Meuse sous les murs de Grave pour se rendre au fort Saint-André.

En conséquence, le général écrivit, le 26 au matin, la lettre suivante, qu'il envoya par son aide de camp accompagné par l'officier de la garnison de Maëstricht, à M. de Bons, commandant de Grave :

« Dix-neuf bateaux chargés des équipages de la garnison de Maëstricht descendent la Meuse pour se rendre à Saint-André; je suis chargé par le général

en chef de vous demander le passage de ces bateaux
devant la place que vous commandez. Je vous envoie,
avec l'officier chargé de ma mission, un de cette garnison qui vous certifiera que ces équipages sont les
siens. L'officier que vous m'avez envoyé dernièrement
me témoigna le désir d'envoyer une lettre à Bois-le-
Duc; je me suis acquitté de sa commission et je lui
renvoie la réponse.

» *Le général commandant les troupes devant Grave,*

» SALME. »

Le général de Bons répondit :

« Grave, le 16 novembre 1794.

» Mon général,

» Je consens, par bon procédé, au passage des
19 bateaux en question, chargés d'équipages de nos
troupes, le long de la Meuse, moyennant qu'il ne s'y
trouve aucun militaire français, ni personne attaché à
cette armée, qu'ils ne s'arrêtent nullement devant cette
place, que j'en sois averti d'avance et que les hostilités
cessent pour ce moment sans que personne s'en serve
pour trop approcher de nos fortifications.

» Je suis infiniment reconnaissant de la lettre que
vous avez bien voulu faire parvenir; j'espère que les
autres sont également bien arrivées et que vous voudrez bien m'en faire tenir les réponses.

» Mon général,
» Votre très humble et très obéissant serviteur,

» A. DE BONS,
» *Général-major commandant.* »

Cette réponse n'ayant pas satisfait le général Salme, l'aide de camp retourna à Grave et fit comprendre au général de Bons que les équipages de la garnison de Maëstricht ne pouvaient ne pas être accompagnés d'un détachement de troupes françaises.

Le général de Bons ajouta ce post-scriptum :

« Le détachement français descendra des bateaux à Esteren, passera par l'Estersche-Brug et Velp-sur-Langel, et remontera au pont sur les bateaux.

» A. DE BONS. »

A la suite de cette condition, acceptée par le général Salme, la division reçut la proclamation suivante :

« 19 bateaux chargés des équipages hollandais venant de Maëstricht descendent demain la Meuse pour se rendre à Saint-André en passant sous Grave. Toutes hostilités cesseront au moment du passage ; les chefs de corps en préviendront ceux des postes. »

Dans la nuit du 25 au 26, environ 150 hommes de la garnison de Grave sortirent du fort sur la rive droite de la Meuse ; nos postes les repoussèrent. Un officier et un soldat s'étant écartés et perdus vinrent, sans le savoir, à l'un de nos postes, qui les fit prisonniers.

Le 26, le général écrivit à l'officier chargé de la conduite des équipages de la garnison de Maëstricht de partir de Cuyck, où il était, à la pointe du jour, et de passer sous Grave, en observant les conventions faites avec le commandant de cette place.

Le 27, le citoyen Desgraviers, commandant les troupes sur la rive droite, eut ordre de faire avancer plus près des bords de la Meuse les factionnaires des postes à la gauche du fort, afin qu'ils pussent découvrir ce qui pourrait sortir de Grave et communiquer plus aisément avec ceux de la rive gauche, ce qu'ils pouvaient faire avec sûreté, d'autant plus que les haies et les arbres se trouvant sur les bords de la rive droite mettaient les factionnaires à l'abri des projectiles et les empêchaient d'être vus par l'ennemi.

A la même date, le général en chef promit au général Salme de lui envoyer un ingénieur pour voir s'il ne serait pas à propos d'abattre le moulin de Grave, dont il a été parlé ci-dessus.

Le général Salme donna l'ordre le même jour à tous les chefs de postes que lorsqu'il se présenterait quelques parlementaires de Grave, ils les fissent rester au poste où on leur donnerait un reçu des dépêches qu'ils apporteraient et qu'on ferait passer tout de suite au quartier général.

Il prit cette mesure parce que, disait-il : « Ces bougres-là venaient à Reck pour s'emplir le ventre lorsqu'ils avaient faim ! »

Le 28, un parlementaire arriva de Grave à nos postes, où il fut arrêté conformément à l'ordre du général ; il portait des effets et de l'argent pour faire passer à l'officier qui avait été fait prisonnier le 26, ainsi que des lettres pour faire tenir en Hollande ; on lui donna un reçu et il s'en retourna à Grave. Les différents effets furent portés au général, qui les fit parvenir immédiatement à leur destination.

La lettre du général de Bons était ainsi conçue :

« Grave, le 18 novembre 1794.

» Mon général,

» Je prends la liberté de vous adresser un papier cacheté contenant 48 florins de Hollande avec un paquet d'habillements, vous priant de vouloir bien les faire remettre à l'enseigne de Lingelsheim, comme vous avez eu la bonté de le faire espérer hier à mon adjudant général. Je vous serais surtout obligé, mon général, si vous vouliez faire passer par l'un des officiers qui sont sur les bateaux de bagages venant de Maëstricht les lettres ci-jointes, qui ne contiennent rien qui puisse avoir rapport aux affaires militaires oú politiques, ni à notre situation actuelle.

» J'ai l'honneur de me nommer, mon général,

» Votre très humble et très obéissant serviteur,

» A. DE BONS,

» *Général-major, commandant.* »

Ce même jour, le général Salme donna ordre au commissaire des guerres Fontaine de requérir tous les paysans des villages de Zéeland, Mill, Beers, Catwyck, Esteren, Langel, Herpen, pour qu'ils fussent rendus le 29 à 10 heures du matin, à Reck, avec des haches et des scies pour couper du bois vert et le mettre en cordes pour la troupe et les gardes qui en manquaient absolument.

Le 30, le général s'étant aperçu que les soldats ne craignaient pas de commettre des fautes, puisqu'on les mettait dans une chambre de détention où ils n'éprouvaient pas si rudement les rigueurs de la saison qu'au bivouac, ordonna qu'à l'avenir, au lieu de les mettre en prison, ils seraient mis à la grand'garde.

Les troupes de la 1re division étant venues cantonner aux environs de Cuyck et consommant les fourrages que ces villages nous fournissaient, le général Salme écrivit le 2 frimaire au général Liébert pour le prévenir que notre cavalerie ne pouvait plus subsister, le fourrage manquant depuis que les troupes de Souham occupaient les villages de Cuyck, Beers et Linden ; il lui demandait en même temps de vouloir bien lui envoyer 200 fusils qui manquaient dans la division.

Et comme les bataillons éprouvaient un besoin urgent de paille pour le couchage, il ordonna au commissaire des guerres de leur en délivrer, surtout à la 38e demi-brigade et au 1er bataillon de la 131e.

Le 3 frimaire, le général donna ordre aux troupes de la division de travailler sur-le-champ à faire des fascines de six pieds de long, huit pouces de diamètre, et trois liens, d'après l'ordre du général en chef. Il leur défendit en même temps de rien couper en avant d'eux et leur ordonna, s'ils manquaient d'outils, de prendre ceux des paysans. « Nous allons brûler Grave, leur écrivait-il ; il n'y a pas de temps à perdre ; allons ! sur-le-champ, à l'ouvrage ! »

Le même jour, on fit rapport au général que cinq vaches étaient entrées dans Grave par la porte de Velp.

Le 4, on reçut une réponse du général Liébert annonçant qu'il avait des fusils à Ravenstein, et qu'en faisant des bons on en obtiendrait.

Le 5, le temps pour lequel on craignait le débordement de la Meuse étant près d'arriver, le général écrivit aux chefs de brigade de veiller à ce que les digues
qui avaient été réparées fussent bien solides, et de
prendre des informations dans les villages qui avoi-
sinaient Grave, pour pouvoir y cantonner sept bataillons que le général en chef devait nous envoyer, ainsi
que toutes les autres troupes en cas d'inondation ; de
s'assurer de l'étendue, de la proximité de ces villages
et du nombre d'hommes qu'ils pouvaient contenir ; il
leur écrivit aussi de vérifier par tous les moyens possibles si, en effet, comme on le lui avait rapporté, la
digue était coupée sur la rive gauche de la Meuse, sous
le canon de Grave ; il leur donna encore l'ordre de lui-
rendre compte du nombre de fascines qui étaient déjà
faites, afin d'en instruire le général en chef, qui devait
venir ce jour, 5, à Reck.

Le général ordonna en même temps à tous les
bourgmestres des villages, depuis Catwyck jusqu'à
Langel, de faire sur-le-champ fermer toutes les écluses
qui se trouvent sur la digue de la Meuse, sous peine
de la plus rigide exécution (1) militaire, et il chargea
le citoyen Samuel Moser, habitant de Cuyck, de surveiller l'exécution de cette mesure.

Le citoyen Lebrun, inspecteur de la digue près
Reck, eut ordre de faire remettre tout de suite des piquets pour soutenir les terres à l'endroit où on l'avait
fait réparer, ainsi que de rendre praticables tous les

____

(1) Copie textuelle des notes. (Voir page 16, note 3.)

chemins aux environs, et de rétablir ceux qui se trouveraient endommagés, le tout sans délai.

Le général ordonna aussi au citoyen Lahure, commandant l'aile droite sur la rive gauche de la Meuse, d'enjoindre aux bourgmestres et habitants des villages d'Esteren, Gassel, Groote-Linden, Klynlinden et Catwyck, d'évacuer sur-le-champ à Mill et à Cuyck toute espèce de subsistances, comme blé, avoine, foin, bœufs, vaches, chevaux, cochons, ainsi que tout ce qui pourrait servir à l'ennemi pour subsister dans Grave lors de l'inondation ; de prévenir les habitants de ces villages que s'ils ne satisfaisaient sur-le-champ à cet ordre, ils seraient exposés à voir brûler leurs villages lorsque la Meuse déborderait, — afin que l'ennemi ne pût rien y trouver si l'inondation nous forçait à reculer et nous mettait dans l'impossibilité de continuer à serrer Grave de près, — et d'assurer à ces habitants que cette mesure ne tendait point à nous approprier ce qu'on les obligeait d'éloigner de chez eux, mais qu'ils en seraient toujours possesseurs sans que personne pût rien y prétendre.

Ce même jour, le général envoya le même ordre aux bourgmestres des villages de Herpen, Langel, Loon et Husseling, en leur indiquant les lieux sur lesquels ils évacueraient : Herpen sur Heesch, Langel et Loon sur Osch et Husseling sur Schayck.

Il donna aussi ordre au bourgmestre de Velp d'évacuer le même jour sur Schayck, et ordonna en même temps au curé de ce village d'envoyer tout de suite au quartier général tous les renseignements possibles sur l'inondation.

Le bourgmestre de Reck dut faire évacuer de même les maisons et fermes dépendant de Grave et comprises dans l'inondation sur celles où l'inondation ne pénètrait pas, et de plus d'envoyer au quartier général tous les renseignements sur les phases de l'inondation.

L'inspecteur de la digue sur la rive gauche, le citoyen Lebrun, dut faire fermer sur-le-champ, et sous peine d'exécution militaire, toutes les écluses qui s'y trouvent. Il dut aussi faire élever l'écluse de Velp afin que les eaux amassées devant Grave s'évacuassent dans la Meuse.

Le général ordonna encore au citoyen Bigarne, commandant la gendarmerie attachée à la 4e division, d'envoyer tous les jours un détachement à Herpen, Langel, Loon, Husselin, Velp et autres maisons détachées aux environs de Grave, pour y surveiller et accélérer l'évacuation ci-dessus ordonnée et lui en rendre compte.

Le 6, il écrivit à Lahure de faire exécuter le plus promptement possible l'ordre qu'il avait donné pour évacuer, des villages sujets à l'inondation, tous les comestibles qui s'y trouveraient, avec menace aux paysans que si, à l'inondation, il restait quelque chose, on brûlerait leurs maisons lors de la visite qui en serait faite.

Lahure reçut aussi l'ordre de demander aux bourgmestres de tous les villages voisins des rapports détaillés et circonstanciés sur l'inondation, pour les envoyer au général Salme, à qui le général en chef les demandait.

Il devait aussi faire élever le chemin près du pont d'Esteren, afin que l'eau venant du marais de Peel ne nous empêchât pas de communiquer et prendre des mesures pour que son pont de retraite ne fût point submergé.

Le général lui réitéra encore l'ordre de faire évacuer sur-le-champ les villages, en instruisant les paysans du motif qui occasionnait cette évacuation, malgré les assurances qu'ils donnaient que la Meuse ne déborderait pas d'un mois.

Le même jour, le général ordonna au mayeur de Mill de faire faire des digues sur les ruisseaux du marais de Peel, et cela de manière à ce que le chemin de Reck à Boxmear ne fût pas inondé, et, par conséquent, les faire très près du marais. Le général donna aussi l'ordre à un ingénieur de Groote-Linde de faire fermer les écluses qui, la Meuse augmentant, pourraient plus facilement jeter l'eau dans la plaine, et de laisser ouvertes celles par lesquelles les ruisseaux venant du marais de Peel se jettent dans la Meuse, car autrement ces différents ruisseaux nous eussent inondés.

Le 7, la crue des eaux de la Meuse commençant à inonder le chemin qui conduit de Reck à Langel, les voitures destinées pour la rive droite de la Meuse et pour Ravenstein furent obligées de passer par Herpen.

Un déserteur de Grave arriva encore ce jour-là. A la même date, le général Salme adressa au général en chef la note d'emplacements suivants pour les troupes de la division en cas où le débordement de la Meuse les eût forcées à se retirer un peu de Grave : deux batailllons à Cuyck, un à Haps ou à Beers, au cas ou l'inondation n'entourerait pas ce village; un à Wauray, un à Mill, trois à Reck, un à Schayck et six compagnies de chasseurs des bataillons à Langel, avec des bateaux pour garder la digue de Ravenstein. Et dans le cas où le général en chef voudrait laisser outre Meuse les troupes qui y étaient, on mettrait au contraire un bataillon à Cuyck, un à Haps et Wauray, deux à Mill, deux à Reck et Schayck, et trois compagnies de chasseurs des bataillons à Langel. Celles d'outre Meuse, composées de deux bataillons et de trois compagnies de chasseurs tirées des bataillons, eussent été ainsi disposées : un bataillon à Balgoyen, l'autre et les trois compagnies de chasseurs à Neer-Asselt et Over-Asselt; alors il eût été nécessaire de mettre un bataillon d'une autre division à Huem; les troupes de la rive droite n'eussent pu communiquer avec celles de la rive gauche que par le pont de Cuyck, s'il fût resté. On eût envoyé sur les derrières les chasseurs à cheval et on eût distribué le 19e de cavalerie dans tous les cantonnements.

Le 8, il arriva encore deux déserteurs de Grave. Ce jour-là les obusiers étaient déjà en batterie et celle des mortiers achevée. Tous les bourgmestres des villages jurèrent sur leur tête et par écrit que le débordement n'arriverait pas encore de sitôt et qu'ils en avertiraient le général trois jours d'avance; d'après cela on suspendit l'exécution de l'ordre d'évacuer ces villages.

Le 9, deux déserteurs nous arrivèrent. Le général Salme alla s'établir à Over-Asselt, sur la rive droite de la Meuse, pour surveiller le bombardement de Grave; il ne laissa à Reck que son adjudant général, à qui il

remit des instructions pour les troupes qui étaient sur
la rive gauche, et pour leur faire quitter leur camp au
cas où l'ennemi les y forcerait par le feu de la place. Il
ordonna à Desgraviers de ramasser dans les villages aux
environs le plus de voitures possible et de les envoyer
avec une garde à Balgoyen pour l'ambulance qui devait y arriver.

Il envoya l'ordre en même temps au directeur de
l'ambulance qui était à Reck, d'expédier le lendemain
dès le grand matin, à Balgoyen, des chirurgiens pour
y panser les blessés que nous pouvions avoir dans l'attaque de Grave.

Comme il manquait absolument d'infirmiers on prit
pour y suppléer, dans la 38e demi-brigade, six hommes
des moins au fait de la guerre et très humains ; avec ces
six hommes on envoya à Balgoyen douze voitures d'ambulance, deux chirurgiens et deux brancards pour blessés. On devait donner seulement les premiers soins à
Balgoyen, poser le premier appareil sur les plaies, et
ensuite les blessés devaient être conduits à l'ambulance
à Reck pour y être pansés et soignés.

Le même jour, tous les postes de la 38e demi-brigade
furent retranchés, afin de les mettre à l'abri des obus
et des boulets que les batteries de la rive droite de la
Meuse pourraient envoyer sur la rive gauche en bom-
bardant la ville, ou de ceux que la ville aurait pu lancer
sur cette même rive gauche.

L'inondation empêcha le bataillon de Paris et les
chasseurs réunis de se porter sur la digue par le chemin accoutumé pour relever les postes ; trois grenadiers de l'embuscade tombèrent dans l'eau, tant les

chemins étaient étroits, et on discontinua de placer cette embuscade.

Le froid se faisant sentir, la 38ᵉ demi-brigade reçut des capotes.

Le 10, deux déserteurs sortirent de Grave. Le bourg-mestre de Beers eut ordre de faire évacuer ce village comme les autres.

Lahure dut retrancher tous ses postes comme ceux de la 38ᵉ demi-brigade l'avaient été la veille ; on recommanda la plus grande surveillance, car il fallait se mettre en garde contre le mouvement que nos bombes et nos obus pourraient faire faire aux assiégés.

Toutes les troupes de la rive gauche furent averties que ce jour, à 11 heures du soir, les batteries de la rive droite joueraient sur Grave ; en conséquence, elles eurent ordre de prendre les armes, les canonniers à leurs pièces, et de se retirer en ordre hors de la portée du canon, au cas où l'ennemi surpris du feu, voudrait nous écraser par ses batteries.

Tous les postes furent aussi avertis de conduire à Reck les parlementaires, s'il s'en présentait. En conséquence, tous les bataillons prirent les armes : les 2ᵉ et 3ᵉ de la 38ᵉ demi-brigade se rangèrent dans le chemin de Bois-le-Duc, en arrière de leurs baraques. Mais voyant à 2 heures que l'ennemi ne pensait pas même à tirer de l'autre côté, toutes les troupes rentrèrent dans leurs positions et n'eurent pas à essuyer une seule bombe.

Le général Salme donna l'ordre suivant, relatif à la conduite que tiendraient les troupes de la rive droite durant le bombardement :

« Lorsque l'attaque de Grave commencera, les grenadiers du 2e bataillon de la 131e demi-brigade fourniront une sentinelle à la batterie des mortiers, et ceux du 3e bataillon à celle des obusiers; ces sentinelles recevront leur consigne du commandant de l'artillerie.

» Comme, dans la position qu'occupent les troupes, elles pourraient être inquiétées, surtout par l'obus et la bombe, il y aura toujours, sur le bord de la digue, deux ou trois hommes par bataillon, ou un par compagnie, pour prévenir lorsque l'ennemi fera feu.

» S'il arrivait qu'un des bataillons ne pût tenir la position qu'il occupe à cause du feu de l'ennemi, il l'éviterait ainsi :

» Par exemple, si le 2e bataillon était forcé de se retirer, il appuierait à droite, le long de la digue, jusque vers Balgoyen, et non en arrière où le feu l'incommoderait encore davantage, à moins qu'il ne se retirât très loin ; ce bataillon laisserait de forts postes à la position qu'il quitterait et ceux qu'il a toujours eus et qu'on peut proprement appeler la garde de tranchée.

» Si les troupes qui sont à gauche des batteries étaient exposées au même inconvénient, au lieu de se retirer en arrière, elles appuieraient à gauche vers les chasseurs, où il est probable que l'ennemi dirigera moins de feu que vers les batteries; ces troupes fourniront également une garde de tranchée.

» Les subsistances pour le 2e bataillon seront livrées à Balgoyen et celles des autres troupes seront conduites près des chasseurs à pied et en arrière, en leur faisant prendre un autre chemin que celui ordinaire et qui sera reconnu d'avance par le citoyen Bayle, adjoint à l'état-major.

» Si l'ennemi voulait faire une sortie sur les batteries avec une partie des troupes de la garnison, comme il le peut, n'ayant à se défendre que d'une attaque, on suivra, pour le recevoir, l'instruction qui a été donnée.

» Les troupes qui auraient été obligées d'appuyer à droite et à gauche, se porteraient vivement vers l'attaque qui ne peut être faite que sur les batteries, tandis que les chasseurs réunis et ceux à cheval chercheraient à couper la retraite à l'ennemi en se précipitant vivement dans la prairie du côté du fort, sans tirer un seul coup de fusil que lorsqu'ils seraient sûrs de le tenir.

» Copie du présent ordre sera donnée à tous les commandants de corps et de détachements, et ils seront de même prévenus que l'ambulance sera à Balgoyen. Le général Salme est établi à Over-Asselt, et l'état-major, où seront envoyées comme de coutume les situations, est resté à Reck ; le chef de brigade Desgraviers rendra seulement compte au général de ce qu'il y aura de nouveau, toutes les 24 heures.

» SALME. »

Les trois compagnies de chasseurs réunis de la 38e demi-brigade reçurent l'ordre de se porter le lendemain matin sur la rive droite de la Meuse.

Dans la nuit du 10 au 11, on commença à tirer sur Grave à onze heures précises du soir. Nos canonniers tirèrent avec tant d'adresse qu'après quinze coups de mortiers et d'obusiers, le feu fut mis dans deux endroits, dont un ne fut éteint qu'au bout de deux heures et l'au-

tre, auquel un troisième succéda, brûlait encore le 11
à neuf heures du matin. Près de l'église, l'incendie
était tel, qu'à la clarté du feu, on distinguait aisément
les embrasures ; on en voyait beaucoup sans canons.

Il paraît que les assiégés ne s'attendaient pas à ce
bal, car ils furent un temps infini avant de répondre,
et le feu était déjà à la ville qu'ils n'avaient pas encore
pensé à se défendre. Ils tirèrent enfin des bombes et
des obus mêlés de coups de canon avec une maladresse
étonnante. Le bombardement fut si vif et réussit si
bien que le général Salme, qui avait passé la nuit sur
la digue, soupçonna qu'après une telle épreuve le gouverneur lui ferait faire des propositions ; même il écrivit au général en chef pour lui demander des instructions à cet égard et la permission de le sommer.

Le bombardement eût encore été plus actif si par la
maladresse de quelqu'un on n'eût pas pris au magasin
des bombes la plupart de douze pouces au lieu de dix,
nos mortiers n'étant que de dix pouces ; mais on remédia tout de suite à cette méprise.

Le 11, les chasseurs des troupes de Lahure, qui
avaient passé la Meuse, commencèrent à fournir, à
côté du pont sur la petite rivière d'Esteren, le poste
que fournissait un capitaine de la 38e demi-brigade, et
cela parce que cette brigade était fatiguée du service
qu'elle faisait seule avant l'arrivée des chasseurs sur
la rive droite.

Le 12, la ville de Grave était incendiée par nos batteries ; le général ordonna que tant que durerait le bombardement, il serait commandé un piquet de cent
hommes par bataillon qui se rendrait à la garde du

capitaine et qui ferait des patrouilles dans la prairie sur la ligne des factionnaires; en outre, qu'un piquet de vingt-cinq hommes de chasseurs à cheval se rendrait tous les soirs, à la nuit tombante, en arrière des chasseurs réunis, et rentrerait le matin au jour.

Le soir de ce jour, le feu prit aux deux maisons où était le poste du capitaine qu'avait fourni Lahure pour relever celui de la 38ᵉ demi-brigade et il consuma entièrement ces deux maisons. Il paraît que les soldats avaient voulu y faire leur soupe ; la cheminée, en très mauvais état, s'écroula, ce qui occasionna l'incendie. L'ennemi tira indignement vers ce feu tout le temps qu'il dura, mais personne ne fut blessé.

La ville tira vers minuit beaucoup de bombes et d'obus sur les Capucins; plusieurs tombèrent dans les fermes où était cantonné un escadron ; la cavalerie se retira bien en arrière pendant ce temps et rentra dans ses cantonnements sur les deux heures, temps auquel l'ennemi discontinua son feu sur ce point; mais sur les sept heures il recommença plus vivement, de manière que, s'il n'eût cessé bientôt, la cavalerie eût encore été obligée de se retirer pour un moment afin de se mettre à l'abri du canon. Mais le feu cessa et la cavalerie demeura dans sa même position; on lui en désigna une autre en cas de jet trop fort de bombes et d'obus.

Dans la nuit du 12 au 13, un chasseur du 5ᵉ franc fut tué par un boulet au poste près la digue.

Le 13, trois officiers du génie se disant envoyés pour le siège de Grave arrivèrent à Reck ; ce jour et le suivant, les assiégés firent un feu assez vif et assez continuel sur tous les points, particulièrement sur Lahure et les Capucins ; ils tirèrent beaucoup aussi sur le poste en avant de la porte de Bois-le-Duc. Nous nous trouvâmes très bien de nous être retranchés : les bataillons gardèrent toujours leur même position.

Le 14, un déserteur arrivé de la ville de Grave nous annonça que les premières maisons qui furent brûlées dans la ville étaient celles du commandant et du major de la place, qui se retirèrent aussitôt dans des casemates ; que la ville était décidée à tenir tant qu'elle aurait des vivres ; qu'il y en avait encore dans la place pour environ six semaines ou deux mois ; que notre feu avait brûlé quinze ou dix-huit maisons et endommagé beaucoup d'autres ; que plusieurs bourgeois et un grenadier avaient été tués par des éclats de nos bombes ; qu'ils avaient encore beaucoup de munitions pour servir 80 à 100 pièces de canon ; qu'on faisait travailler les bourgeois à coups de bâton ; qu'il y avait environ 100 canonniers qui avaient été choisis dans les bataillons pour être exercés à la manœuvre des pièces ; que l'on disposait de beaucoup de bombes mais trop grosses pour les mortiers ; que la garnison et les bourgeois désiraient de tout leur cœur que la ville fût rendue ; que les soldats murmuraient fort de ce qu'on leur avait retranché la moitié de leur paye ; qu'il y avait de 1.000 à 1.500 hommes de garnison et que l'on croyait à Grave que nous ne tirions que pour voir s'ils se rendraient.

Il nous affirma aussi avoir vu le chasseur à cheval qui avait déserté dans Grave, avec armes et bagages, dans la nuit du 21 brumaire.

Siège de Grave.
RHIN FL.
Wahul Riv.
Nimègue
Bommel
Balgoyen
Neer-Asselt
Megen
Ravenstein
Over-Asselt
Langel
Grave
Ile
de
Bommel
Loon
Esteren
Velp
Gd Linden
Cuyck
Schayck
Beers
Herpen
Mill
Reck
Meuse Riv.
Zeeland
Haps
Boxmear
Wauray
Bois-le-Duc
Marais
de
Peel

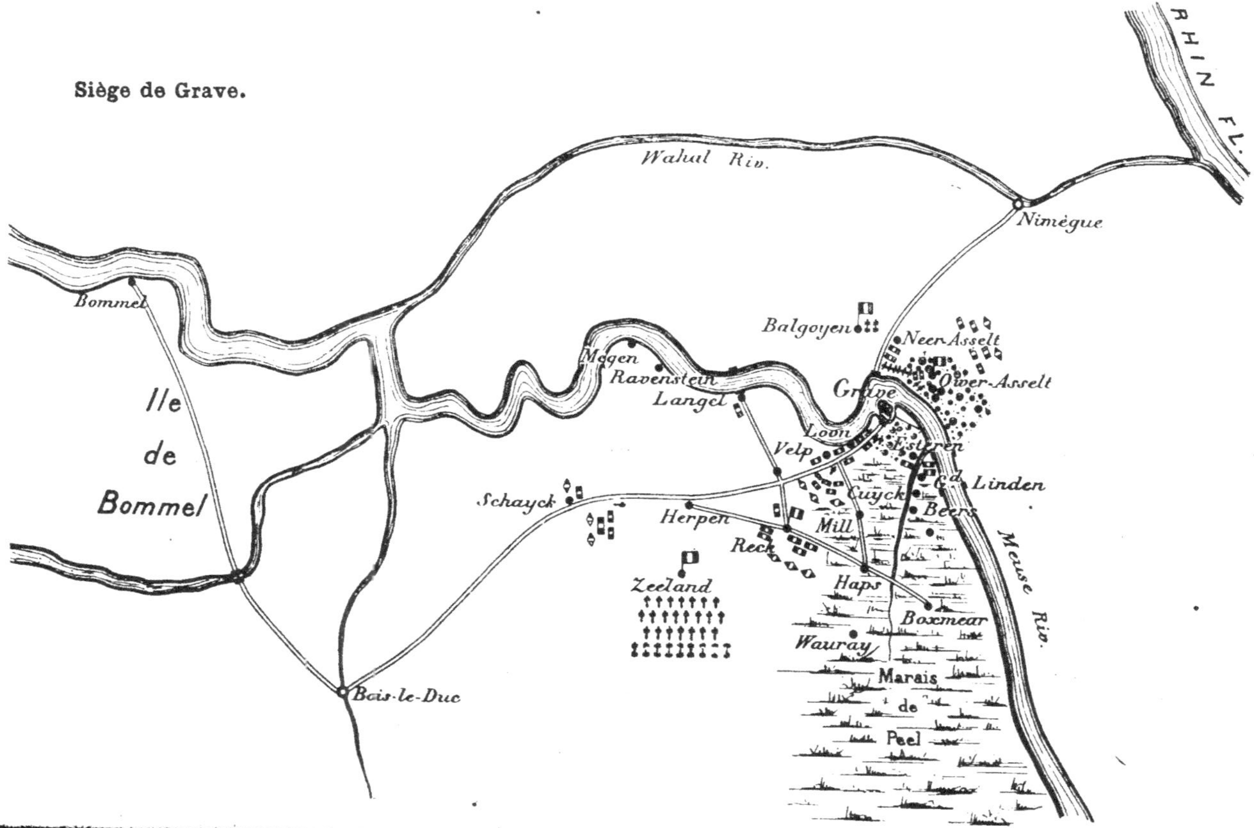

Dans la soirée du 16, l'ennemi nous tua un volontaire et en blessa un autre ; il tua également un paysan et en blessa cinq, tant femmes qu'enfants, qui étaient à souper dans leur maison.

Le général Pichegru, de retour à l'armée, fit, le 19 frimaire, une sommation au commandant de Grave de rendre la place, mais celui-ci répondit que son devoir et son honneur lui défendaient de le faire et qu'en conséquence il était résolu à se défendre jusqu'à la dernière extrémité. D'après ce refus formel, on continua le feu sur Grave.

Le même jour, un ancien déserteur polonais fut arrêté par un de nos postes ; il disait vouloir s'en retourner dans son pays.

Le commandant du 19e de cavalerie (chef de brigade Provence) reçut ordre du général Liébert de se rendre le lendemain à Lierre avec son régiment.

A la même date, le général Salme donna l'ordre suivant, relatif aux troupes de la rive gauche :

« Le citoyen Dusaussay, chef de la 38e demi-brigade, remplira les fonctions de général de brigade ; ce sera à lui directement que devront s'adresser les corps qui occupent la rive gauche de la Meuse pour ce qui regarde le service ; il signera les permissions à accorder, sans qu'elles aient besoin du visa du général Salme. Il s'établira à Reck pour être à portée de surveiller les administrations et rendra journellement compte au général Salme, établi sur la rive droite, du mouvement des troupes sous ses ordres.

» S'il existe des capotes de reste dans la 38e demibrigade, les chefs de corps les remettront au bureau de l'état-major pour les distribuer aux bataillons de la rive droite de la Meuse, afin que les hommes de garde soient au moins couverts, et pareil nombre sera rendu aux corps qui en auront donné lorsque la 131ᵉ demi-brigade en sera pourvue. »

A cette époque, le sel commençait à manquer dans la division.

Le 20, le général en chef manda au général Salme que, vu l'obstination du commandant de Grave à se défendre jusqu'à l'extrémité, il fallait continuer d'y jeter des bombes et des obus, sans cependant en faire une consommation inutile, et d'user, au contraire, d'un feu modéré et divisé. Le même jour, d'après l'avis du général en chef, le général Salme prévint les troupes de sa division que le canon se ferait entendre le lendemain le long de la Meuse, et particulièrement vers le fort Saint-André; elles ne devaient pas s'en inquiéter.

Il les prévint aussi que, vu la rigueur de la saison, on allait leur faire des baraques en planches pour y attendre les volontés du commandant de Grave; mais les volontaires préférèrent celles qu'ils avaient faites en paille et en terre et qui étaient très solides.

Le 21, le général donna ordre, qu'à dater de ce jour et quotidiennement, il serait fait une ronde de capitaine, qui visiterait tous les postes et rendrait compte de ceux où il serait trouvé des bois de charpente ou meubles, que l'on prenait impitoyablement chez les malheureux paysans, déjà trop infortunés du triste sort qui les accablait, et que l'officier qui commanderait le poste où il se trouverait du bois façonné, payerait cinquante francs au paysan propriétaire, ou aux pauvres, si ce paysan n'était pas connu.

Le 22 frimaire, le général écrivit au citoyen Juge, commissaire ordonnateur, que, ses troupes étant dépourvues de sel, les volontaires tombaient malades par le manque de soupe; il l'invita à leur en faire délivrer le plus promptement possible.

Le 23, un canonnier des batteries de siège fut tué d'un éclat d'obus; notre feu sur Grave n'était plus alors si vif depuis le refus du commandant de rendre cette place.

Le 24, le général donna ordre au capitaine de la 2e compagnie du 13e régiment de chasseurs à cheval de quitter la rive droite de la Meuse et de se rendre avec sa compagnie à Reck, pour y recevoir du citoyen Dusaussay une nouvelle destination.

Le 25, il ordonna que les chasseurs qui étaient à Esteren seraient cantonnés à Reck, en laissant néanmoins dans le premier village un détachement suffisant pour le service et la garde de la pièce d'artillerie légère qui y était.

Le 29, il écrivit au général en chef que notre feu et celui de l'ennemi continuaient comme d'ordinaire; que celui de l'ennemi nous incommodait peu, et que le nôtre, dirigé sur la ville et les ouvrages, faisait un bon effet; que nos munitions seraient épuisées le lendemain et qu'il serait à désirer que l'entêtement du général Bons finît aussi, vu le froid excessif qu'enduraient les troupes. Il lui demanda en même temps deux bataillons et de la cavalerie pour alléger le service de ses troupes, et il le prévint que les fourrages manquaient absolument.

Pendant ce temps, le 3e bataillon de la 131e demi-brigade manqua plusieurs jours de pain, à cause de la difficulté que présentait le passage de la Meuse, qui n'était pas encore assez gelée (le pain venant de la rive gauche).

Les volontaires, loin de se plaindre de la cruelle position que le froid leur faisait endurer autour de Grave, témoignèrent du mécontentement au bruit qu'on fit courir qu'une autre division allait venir les remplacer. Ils adoraient le général Salme, et, témoins de ses efforts pour mener le siège à bonne fin en ménageant l'existence de ses soldats, ils ne pouvaient admettre ce qu'ils auraient considéré, à juste titre, comme une disgrâce.

Le 29, le général Salme, d'après l'ordre qu'il avait reçu lui-même du général en chef, ordonna au citoyen Santonnard (1), commandant l'artillerie de siège, de ménager le reste des munitions, de manière à inquiéter Grave encore longtemps, puisque, d'après le rapport des déserteurs, les assiégés commençaient à se lasser ; en conséquence, il lui prescrivit de faire tirer très peu et à grands intervalles.

Le même jour, le général en chef prévint le général Salme qu'il allait lui envoyer le bataillon de Popincourt de la division Moreau ; ce bataillon arriva en effet deux ou trois jours après et fut bivouaqué sur la rive gauche.

---

(1) Se distingua particulièrement au siège et à la prise du fort de l'Ecluse, le 25 août 1794.

Le 30, le général Salme, ayant été prévenu par le commandant de l'artillerie qu'il n'existait plus que douze coups à tirer par bouche à feu et qu'il avait ordre de se retirer lorsque la consommation en serait faite, l'invita à faire durer ces munitions jusqu'à ce qu'il reçût du général en chef ordre de continuer le feu, puis à faire ramasser les bombes et obus que l'ennemi nous avait lancés et qui n'avaient point éclaté, afin de les lui renvoyer.

En même temps, il prévint Dusaussay, commandant sur la rive gauche, que la glace avait obligé de lever le pont de Langel et que celui de Cuyck allait l'être de même ; qu'en conséquence, il eût à voir l'officier du génie pour nous assurer un passage sur la Meuse.

Le 1ᵉʳ nivôse, le général Salme écrivit au général en chef que pendant la nuit précédente le reste des munitions avait été consommé. « Je crois, lui écrivit-il, qu'il ne serait pas à propos de les quitter comme cela ; leur feu n'est plus si vif, et je crois, comme tu dis fort bien, qu'ils se lassent ; il faudrait au moins les chauffer ces trois décades entières ; nous ne pouvons pas décemment les quitter sans leur souhaiter une bonne année. »

On avait ramassé quantité de bombes, obus et boulets, mais qui ne purent servir étant trop petits.

Il nous restait encore douze coups, mais Santonnard, malgré les ordres du général en chef et du général Salme, croyait devoir obéir à ceux du général de l'artillerie de l'armée du Nord (Eblé), qui lui prescrivait de finir le feu et de retirer les pièces.

Le 2 nivôse, Pichegru ordonna au général Salme de faire durer le feu tant qu'il serait possible et, pour cela, de faire venir des bombes et obus. En conséquence, Santonnard, à qui cet ordre fut communiqué, dut se procurer des munitions le plus promptement possible.

Le même jour, quatre déserteurs arrivèrent de Grave ; le général Salme leur fit subir le lendemain un interrogatoire séparé, dans lequel ils varièrent peu et duquel il résultait que les assiégés ne pouvaient plus tenir par le défaut de vivres suffisants ainsi que par le grand nombre de malades qu'ils avaient.

Le 3, des munitions arrivèrent de Zéeland, village où était alors le parc de siège, et, comme nous avions été deux jours sans tirer sur Grave faute de munitions, ils crurent par cette interruption que c'était fini ; on les surprit fort lorsque, le 3 au soir, on recommença à les chauffer ; ils ne s'y attendaient pas et furent longs à nous répondre ; dès lors on tira de manière à ménager les munitions ; on dirigea une partie du feu sur les ouvrages, surtout le jour.

Le 4, le commandant de Grave envoya au général Salme un parlementaire chargé de dépêches ayant pour objet de lui demander la permission d'envoyer à La Haye pour instruire les Etats généraux de la situation où se trouvait la place de Grave.

En même temps, il écrivit au commandant de nos avant-postes :

« A l'officier commandant les avant-postes de l'armée française devant Grave.

» Grave, le 24 décembre 1794.

» Le général soussigné, commandant de Grave, fait

savoir au commandant des avant-postes qu'il a envoyé
ce matin un parlementaire avec un trompette au
général français à Reck, et que les hostilités doivent
être suspendues pendant ce temps.

» A. DE BONS,
» *Général-major commandant.* »

Le général Salme fit tenir cette proposition au général en chef pour y répondre, et renvoya à Grave le
parlementaire chargé de la réponse suivante pour le
commandant de cette place :

« Je ne puis, Monsieur le général, vous donner de
décision sur la demande que vous me faites, mais je
l'envoie au général en chef, qui décidera, et je vous
transmettrai sa réponse.

» SALME. »

Le 5, le gouverneur de Grave écrivit au général
Salme pour le prier de défendre à nos troupes d'approcher de la ville et des ouvrages :

« Grave, le 25 décembre 1794.

» Le général français est prié que, pendant la suspension d'armes, ses soldats ne s'approchent pas si
près des ouvrages, comme il vient d'arriver devant
les ouvrages à couronne.

» A. DE BONS,
» *Général-major commandant.* »

Le général Salme lui fit cette réponse :

« Je donne ordre sur-le-champ, Monsieur le général,
que les Français n'approchent point les ouvrages de la

ville. J'aurais prévenu la démarche que vous faites faire vers moi si j'en eusse été informé.

» J'attends la réponse à votre demande ; je vous la ferai passer de suite et l'officier qui en sera chargé la remettra à celui qui commande au fort.

» SALME. »

Le même jour, d'après le refus du général en chef de consentir à la proposition qu'avait faite le général de Bons d'envoyer à La Haye, le général Salme écrivit au commandant de Grave :

« On ne peut, Monsieur le général, acquiescer à votre proposition d'envoyer un officier à La Haye ; en conséquence, cette réponse rompra la suspension d'armes qui a existé depuis hier. »

Le commandant de Grave répondit :

« Grave, le 25 décembre 1794.

» Mon général,

» Puisque ma proposition d'envoyer un officier à La Haye pour demander des ordres n'a pas été acceptée par le général en chef, j'ai l'honneur de vous prévenir que je vous enverrai demain matin deux officiers pour en faire d'autres, et, en conséquence, je vous laisse le maître, mon général, de cesser ou recommencer les hostilités pour ce peu de temps.

» J'ai l'honneur d'être,

» Mon général,

» Votre très humble et très obéissant serviteur.

» A. DE BONS,

» *Général-major commandant.* »

Le général Salme, d'après cela, écrivit la lettre suivante au commandant de l'artillerie de siège :

« Deux décharges de six pièces décideront peut-être ces messieurs à nous faire d'autres propositions ; en conséquence, tu les feras faire à l'heure que tu voudras, pourvu que ce soit avant minuit ; tu feras ensuite recharger et le canonnier de planton à chaque pièce en tirera une à chaque fois qu'il sera relevé ; tu profiteras du jour, demain, pour diriger tes pièces sur les ouvrages. Tu me feras le plaisir de me rendre compte de la figure qu'ils auront faite. »

Le 6, le général de Bons écrivit au général Salme :

« Grave, le 26 décembre 1794.

» Mon général,

» Comme je suis incliné à traiter de la reddition de cette ville à des conditions raisonnables, j'ai l'honneur de vous envoyer MM. de Gross, hauts officiers du régiment suisse de May, chargés de propositions signées de ma part pour cet effet. Si vous avez, de votre côté, mon général, les pleins pouvoirs nécessaires, je vous prie de vous aboucher avec eux, sinon de leur permettre d'aller trouver le général en chef sous la sauvegarde ordinaire en pareil cas.

» J'ai l'honneur d'être,

» Mon général,

» Votre très humble et très obéissant serviteur.

» A. DE BONS,
» *Général-major commandant.* »

Voici les articles proposés par le commandant de Grave au général Salme pour lui remettre ladite forteresse :

« ARTICLE 1ᵉʳ.

» La garnison de Grave sortira avec tous les honneurs militaires, tambour battant, drapeaux déployés, ·mèche allumée, une pièce de campagne par bataillon avec soixante coups à tirer ; elle sera conduite à telle ville des Provinces-Unies ou de la généralité la plus prochaine indiquée par le général des troupes françaises.

» ARTICLE 2.

» L'état-major, les officiers, bas officiers et soldats de la garnison, leurs femmes et enfants, ainsi que tous ceux qui leur appartiennent, conserveront leurs chevaux et équipages quelconques, aussi tous leurs effets ; l'on accordera à chaque compagnie une charrette pour le transport des bagages, à chaque bataillon deux ou trois pour les femmes et enfants ; toutes ces charrettes seront fournies par les villages voisins au défaut de celles qu'on pourrait trouver en ville, suivant la liste dressée à cet effet.

» ARTICLE 3.

» Les chariots ou charrettes susdites pourront être renouvelés à chaque village désigné en route pour le logement de la garnison, si cela est nécessaire.

» ARTICLE 4.

» Les malades restés à l'hôpital de Grave seront traités comme ceux de l'armée française, pour le compte des Etats généraux, et il demeurera pour les soigner un chirurgien ou deux de chaque corps, suivant le nombre des malades; lorsque la saison et leur état le permettront, ils seront transportés en Hollande par eau, et les différents corps de la garnison pourront faire partir par ces mêmes bateaux le bagage qui n'aura pu être transporté à la sortie; pour quel effet on enverra de Hollande des bateaux dans le temps convenu et fixé par le général des troupes françaises.

» ARTICLE 5.

» Un officier de l'artillerie avec le commissaire des magasins de l'Etat resteront dans la ville jusqu'à ce qu'ils aient remis fidèlement aux commissaires nommés par le général français l'artillerie, les magasins et les munitions de guerre.

» ARTICLE 6.

» Tous les bourgeois de la ville conserveront leurs propriétés et aucun d'eux ne sera inquiété pour les sentiments qu'il aura manifestés avant la prise de la ville.

» ARTICLE 7.

» Tous les privilèges des habitants leur seront conservés ; les religieuses seront maintenues dans les droits attachés à leur couvent, où l'hôpital militaire restera établi comme ci-devant.

» ARTICLE 8.

» Le commandant prendra avec lui une note de tout ce que tous les bourgeois et entrepreneurs de la ville ont à prétendre pour des livrances ou autres avances faites à la garnison.

» ARTICLE 9.

» L'état-major pourra emporter tous les papiers quelconques qu'il jugera nécessaires à sa responsabilité envers son souverain.

» ARTICLE 10.

» Tous les employés de l'Etat ainsi que tous les autres bourgeois de la ville attachés à la garnison, soit par relation ou par intérêt, seront libres de la suivre avec leurs effets, sans être molestés en aucune façon, et il leur sera accordé en général un terme de six mois pendant lequel ils seront libres de sortir de la ville ou d'y revenir avec leurs effets, sans être recherchés.

» ARTICLE 11.

» Il sera envoyé de part et d'autre deux officiers de l'état-major pour ratifier et échanger la présente capitulation, et s'il y avait été omis quelque chose ou que l'un ou l'autre des articles eût besoin d'explication, ce ne sera jamais au désavantage de la garnison.

» ARTICLE 12.

» En conséquence des articles ci-dessus, les ouvrages avancés et le ravelin de la porte dite *Poort* seront remis demain à... heures aux troupes françaises; la porte dite *Poort* continuera à être gardée au dedans par la garnison jusqu'à sa sortie, sans que personne puisse entrer en ville que les officiers désignés pour cet effet.

» Fait et signé le 26 décembre 1798.

» Signé : A. DE BONS,
Général-major commandant.

Le général Salme fit cette énergique réponse :

» Je vous envoie, Monsieur le général, les articles de la capitulation en réponse de ceux que vous m'avez proposés. Je vous préviens que si demain, passé midi, vous ne vous êtes point décidé, les hostilités recommenceront.

» SALME.

« CAPITULATION

ARRÊTÉE ENTRE LE GÉNÉRAL SALME, COMMANDANT LES TROUPES FRANÇAISES FORMANT LE BLOCUS DE GRAVE, ET LE GÉNÉRAL-MAJOR A. DE BONS, COMMANDANT LES TROUPES EN GARNISON DANS LADITE VILLE DE GRAVE, POUR RENDRE AUX FRANÇAIS LA DITE FORTERESSE.

» Article 1er.

» La garnison sortira avec les honneurs de la guerre et sera prisonnière de guerre en France.

» Article 2.

» Elle sortira le 10 nivôse par la porte de Bois-le-Duc, et, après s'être rangée en bataille devant les troupes françaises, elle déposera ses armes et drapeaux et prendra sa route sur Anvers.

» Article 3.

» Les troupes de la République française occuperont, sitôt la capitulation signée, l'ouvrage à couronne et la porte de la Meuse.

» Article 4.

» Les malades restés à l'hôpital de Grave seront traités, comme ceux de l'armée française, au compte des Etats généraux de Hollande, et il restera pour les soigner un ou deux chirurgiens de chaque corps, suivant le nombre des malades ; lorsqu'ils seront guéris, ils se rendront en France sous escorte, au lieu indiqué pour la garnison.

» *Article* 5.

» Il sera nommé deux commissaires des troupes françaises et un officier d'artillerie auxquels on remettra fidèlement l'état de l'artillerie, munitions de guerre et magasins.

» *Article* 6.

» Les officiers, sous-officiers et soldats conserveront leurs effets, les officiers leurs chevaux jusqu'à Anvers, et là ils seront remis dans les dépôts de la République française.

» *Article* 7.

» Les femmes et enfants sont exceptés de la capitulation et retourneront en Hollande sous la sauvegarde des Français, qui les conduiront au fort Saint-André ; il leur sera accordé, pour elles, leurs enfants et le transport de leurs bagages, des voitures.

» *Article* 8.

» Les bourgeois ayant demandé la conservation de leurs propriétés et à ne point être inquiétés pour les sentiments qu'ils ont manifestés avant la prise de la ville, il a été répondu que les Français se font un devoir de respecter les propriétés et les opinions.

» *Article* 9.

» Le commandant de la place ayant demandé une

note de ce que les bourgeois et entrepreneurs de la ville ont à prétendre pour des livraisons et autres avances faites à la garnison, il a été répondu que cela regardait le gouvernement hollandais.

» Article 10.

» Le commandant pourra emporter les papiers qui concernent sa comptabilité envers les Etats; les plans et archives de la ville seront remis au commissaire de la République française.

» Article 11.

» Tout employé au service de la garnison qui n'aura pas porté les armes pourra s'en retourner en Hollande.

» Article 12.

» Il sera envoyé deux officiers de la garnison pour ratifier la présente capitulation; et, s'il avait été omis quelque chose ou que l'un ou l'autre des articles eût besoin d'explication, il ne sera jamais au désavantage de la République française.

» Article 13.

» Un chasseur du 13e régiment (bis) à cheval, déserté pendant le siège dans la place, sera remis entre les mains des Français, s'il s'y trouve.

» Article 14.

» La présente capitulation ne concerne en rien les émigrés qui peuvent se trouver dans la place.

» Fait et arrêté au quartier général à Over-Asselt, près Grave, le 8 nivôse an III de la République française.

» Le Général
» Signé : SALME. »

Comme il est facile de s'en rendre compte en comparant les propositions du général de Bons et l'ultimatum du général Salme, ce dernier s'était contenté de modifier les articles de la capitulation hollandaise, au profit de la République française.

Le général de Bons répondit aussitôt :

« Grave, le 26 décembre 1794.

» Mon général,

» J'ai l'honneur de vous proposer le changement suivant à la capitulation que vous m'avez envoyée, savoir : Que la garnison, au lieu de se rendre prisonnière de guerre, remettra sur les glacis de la place armes et chevaux, après en être sortie avec tous les honneurs de la guerre, et sera conduite à Bergen-op-Zoom ou telle place des Provinces-Unies qu'il conviendra au général en chef d'indiquer pour cet effet, sous le serment de ne plus servir pendant cette guerre contre la République française.

» J'ai cru que ma garnison méritait cette considération par sa bonne conduite et par le nombre de malades qui s'y trouvent; d'ailleurs, il me semble que cela ne serait pas contraire aux intérêts de votre pays, même bien loin de là.

» Enfin, mon général, je vous enverrai une dernière résolution avant midi par deux officiers de l'état-major de ma garnison; en attendant, vous avez le temps d'examiner le changement proposé à la capitulation, qui ne m'est dicté que par l'humanité; j'en ai gardé l'original, en attendant, pour le lire dans le conseil de guerre que j'assemble pour cet effet et dont je suis sûr du consentement, si vous en changez, Monsieur le général, le premier article et ce qui peut y avoir rapport dans les autres.

» J'ai l'honneur de me nommer,

» Mon général,

» Votre très humble et très obéissant serviteur,

» A. DE BONS,

» *Général-major commandant.* »

Le général Salme, ne voulant prendre sur lui de modifier les clauses de la capitulation qu'il avait proposée et que le général en chef avait approuvée, écrivit, le 7 nivôse, à ce dernier, qu'il était d'accord avec le général de Bons pour la capitulation, si ce n'est qu'il voulait que la garnison, après avoir déposé les armes, fût conduite à Bergen-op-Zoom, sous serment de ne plus servir contre la République française pendant la guerre.

Le général en chef n'ayant consenti à aucune modification, le général Salme écrivit au commandant de Grave :

« Je ne puis rien changer, Monsieur le général, aux articles de la capitulation que je vous ai envoyée ; telles sont les volontés du général en chef. J'attends à midi vos dernières volontés. Je ne puis changer celles de mon chef, qui sont positives, comme l'ont vu hier les officiers que vous m'avez envoyés.

» *P. S.* — Que les officiers que vous enverrez soient chargés de pleins pouvoirs et nous terminerons d'une manière ou de l'autre, pour éviter de perdre du temps. »

Le général de Bons répondit :

« Grave, le 17 décembre 1794.

» Mon général,

» Je vous envoie deux commissaires chargés de pleins pouvoirs pour signer la capitulation ; vous aurez la bonté d'y ajouter que les officiers garderont leurs épées et de vouloir faire part au général en chef de l'article dont j'ai demandé le changement ce matin, savoir d'être conduits en Hollande et non en France. »

Le 8 nivôse, le général Salme écrivit pour la dernière fois au commandant de Grave :

« Je vous envoie, Monsieur le général, la capitulation pour la garnison de la ville que vous commandez, signée de deux commissaires que vous avez chargés de pleins pouvoirs et de moi ; je vous enverrai ce soir les commissaires pour l'inventaire de la place, et les troupes françaises occuperont, à 3 heures, le fort et la porte de la Meuse. »

Le même jour, le général Salme envoya au général en chef la capitulation, annonçant qu'il ferait passer, le 10, les femmes et enfants par Nimègue et qu'il en avait prévenu le général Macdonald ; il lui écrivit que le bombardement de Grave nous coûtait treize hommes, dont six tués et sept blessés. Dans sa lettre, il lui demanda un peu de repos pour sa brigade qui avait souffert avec tant de patience et sans mot dire les rigueurs de la saison.

Il lui dit qu'on pouvait la cantonner dans les villages sur la rive gauche de la Meuse, en mettant d'abord deux bataillons à Grave; il lui demanda aussi de renvoyer au général Oster le bataillon de Popincourt.

Ce même jour, d'après l'ordre du général en chef, le général Salme prescrivit au chef de la 38e demi-brigade, qui était sur la rive gauche, de quitter son bivouac, de se rendre avec sa demi-brigade et le 5e franc à Alem pour y passer la Meuse, et de là se diriger sur Rossam dans l'île de Bommel pour défendre la digue le long du Wahal; l'adjudant général (Watrin) partit avec le chef de brigade.

Le 9, le général Salme partit d'Over-Asselt et se rendit à Reck; c'est de là qu'il donna l'ordre particulier, ci-dessous, pour la garnison de la ville de Grave (1).

Le même jour, les six compagnies de chasseurs réu-

----

(1) Les 2e et 3e bataillons de la 131e demi-brigade entreront, le 10 du courant, à Grave, sitôt la garnison sortie; le commandant de la place prendra les mesures nécessaires pour les loger le plus rassemblés qu'il pourra. Ces troupes feront le service de la place et du fort; elles vivront en bonne police et discipline: le commandant de la place deviendrait responsable des plaintes et du tort qu'on pourrait faire aux malheureux habitants.

Personne, ni bourgeois ni militaire, ne sortira ni entrera en ville avant trois jours à compter de celui de la sortie de la garnison.

L'ordre concernant les permissions sera exécuté avec toute la rigueur possible; on enverra au commandant de la ville des contre-marques qui seront remises aux officiers de garde aux postes pour en faire l'usage indiqué dans l'ordre du 9, et elles seront portées le soir chez le commandant pour en faire la vérification. Personne de la garnison ne pourra sortir des postes avant dix heures sans une permission de son commandant et de celui de la place; tout homme qui se présentera pour entrer, se disant de la garnison, n'étant point muni de permission, sera conduit chez le commandant de la place, et s'il n'en fait pas partie, il sera puni comme suspect et pillard. Des consignes par écrit seront mises dans tous les corps de garde pour l'entière exécution de

nis (commandées par Maitre) quittaient la rive droite de la Meuse et se rendaient sur la gauche pour y occuper le camp du 2ᵉ bataillon de la 38ᵉ demi-brigade jusqu'à nouvel ordre.

Le lendemain, 10, la garnison hollandaise sortit de Grave, se rangea en bataille sur les glacis, déposa ses armes et se rendit à Bois-le-Duc, où le général Salme l'accompagna ; le 23ᵉ régiment de chasseurs escorta cette garnison hollandaise jusqu'à Lille, en France, et y resta.

Le même jour, tout le reste de la brigade, excepté un bataillon de la 131ᵉ demi-brigade formant la garnison de Grave, quitta son bivouac et se mit en marche pour se rendre dans l'île de Bommel y rejoindre les quatre bataillons qui y étaient déjà ; il y arriva le 11, ainsi que le général Salme.

On trouva à Grave 160 pièces de canon dont la moitié en bronze, 4.000 fusils, 80 milliers de poudre, 500 sabres, des vivres pour huit ou neuf jours ; mais la ville était entièrement exterminée.

Un article de la capitulation ne put être rempli,

---

l'ordre du 9 et de ceux que le commandant de la place pourra donner, afin que personne n'en prétende cause d'ignorance.

La retraite se battra tous les soirs à quatre heures et demie ; les appels seront faits avec la plus grande exactitude et compte en sera rendu au commandant. On instruira les troupes du service des places, qui n'est point le même que celui de campagne. Les commandants des corps feront la théorie aux officiers et sous-officiers deux fois par jour jusqu'à ce qu'ils connaissent ce service et puissent l'apprendre aux soldats.

La plus grande propreté règnera sur les remparts, et personne, excepté les officiers généraux et du génie, ne pourront monter ni sur le parapet ni sur la banquette.

Le général de brigade,
Signé : SALME.

c'était celui qui redemandait le chasseur à cheval déserté dans la place pendant l'investissement ; le commandant de Grave déclara qu'il avait été transféré des prisons dans un corps de garde de la porte de Bois-le-Duc à cause du bombardement, et que, le 9 nivôse, un sergent (reconnu depuis pour être du 1er bataillon de la 131e demi-brigade) était allé, sans ordre, relever le poste hollandais où était détenu ce chasseur et l'avait fait évader.

Le général Pichegru, dans son ordre du jour du 19 nivôse, mentionna honorablement le général Salme et les troupes de sa division.

Nous donnons, ci-dessous, copie de l'extrait du rapport fait à ses collègues du Comité de Salut public par le représentant du peuple près les armées du Nord et de Sambre-et-Meuse :

> « Bois-le-Duc, le 9 nivôse, l'an III de la République une et indivisible.

» ..... Tandis que notre armée chassait devant elle celle de l'ennemi, la ville de Grave tombait au pouvoir de la République. Je vous envoie copie de la capitulation, dans laquelle vous verrez que la garnison, forte d'environ 12 à 1.500 hommes, s'en va prisonnière en France. Je n'ai pas encore l'état de l'artillerie qui se trouve dans cette place, l'une des plus importantes de la Hollande.

» L'armée, joyeuse de ses succès, crie : Vive la République, et demande qu'on la conduise à de nouvelles victoires.

» Salut et fraternité.

> » Signé : BELLEGARDE.

» P.-S. — Dans cette heureuse journée, sans compter ni les prisonniers ni l'artillerie de Grave, nous avons pris en tout 120 bouches à feu, 1.600 prisonniers, deux drapeaux et 300 chevaux. »

La séance dans laquelle fut lu ce rapport a été une des plus brillantes, pour ce qui regarde le succès de nos armes. Carnot, qui était toujours à la tête du département de la guerre dans les comités, annonça la prise de la forteresse de Grave, celle de l'île de Bommel et du fort Saint-André (1). « Je viens, dit-il, vous annoncer une nouvelle victoire, ou plutôt trois victoires de l'armée du Nord, remportées le même jour sur le bord du Wahal, et sur le Wahal lui-même, que la gelée avait rendu solide. Nous vous avons déjà dénoncé une faction qui a fait courir le bruit que le gouvernement traite de paix, qu'on peut espérer la rentrée des émigrés et la revision du jugement des condamnés ; que 30.000 hommes ont péri en Hollande et que nous avons éprouvé plusieurs revers. Il est à remarquer que nos armées ont toujours répondu à ces rêveries par des victoires.

» L'armée du Rhin a fourni sa réponse par la prise de la fameuse tête du pont de Manheim. Celle du Nord répond aujourd'hui par la prise de Grave, de l'île de Bommel et du fort Saint-André, qui sont au pouvoir de la République.

» Cette même armée a encore battu l'armée retranchée devant Bréda. Enfin, sans être accompagnés

---

(1) Opérations auxquelles nous reviendrons dans le chapitre suivant.

d'une seule pièce de canon, nos soldats ont fondu, la baïonnette au bout du fusil, sur les batteries placées au delà du Wahal, ont emporté 60 canons et chassé l'ennemi. Les glaces leur ont servi de pont.

» Cent cinquante huit bouches à feu, 1.600 prisonniers, non compris la garnison de Grave, qui s'est rendue prisonnière, 300 chevaux, beaucoup de bagages et de munitions, la caisse d'un régiment, sont les fruits de ces victoires. »

Après avoir ajouté quelques réflexions, qui dans la suite donnèrent lieu à la censure de quelques membres, Carnot donna lecture des lettres officielles et de la capitulation de Grave; il fit remarquer un article de cette capitulation, par lequel le commandant de la place ayant demandé le respect des propriétés et des opinions des habitants, le général français répond « que les Français se faisaient un de voir de respecter partout les propriétés et les opinions ».

On demanda l'impression du rapport. Bentabole s'y opposa, parce qu'il désapprouvait l'épithète de « Terroristes » que Carnot avait employée en disant des soldats français que leurs ennemis pouvaient les appeler « de grands terroristes ». « Cette épithète, dit-il, ne désigne aujourd'hui dans l'opinion publique que des scélérats. Je désapprouve aussi ce passage : « Lorsque » nos soldats ont vaincu, ils ne chicanent pas sur les » moyens qu'on a employés. » Quoi ! c'est au moment où des membres des anciens comités sont, pour ainsi dire, en état d'accusation, qu'on vient vous avancer de tels principes ! » Carnot avoua n'avoir point communiqué son rapport au Comité et il en demanda lui-même la non-impression. La Convention ordonna donc seulement l'impression des pièces officielles dont nous avons donné, pour partie, copie ci-dessus.

Ainsi qu'on vient de le voir, la capitulation de Grave était considérée comme un événement des plus importants et des plus avantageux pour la République. Mais ce qui ressort surtout de cette opération brillante, c'est la valeur du chef de l'armée d'investissement.

La réputation de bravoure du général Salme était un fait légitimement acquis; le siège de Grave le révéla un général de premier ordre. Il vit et dirigea tout par lui-même, aucun détail ne lui fut étranger : infanterie, cavalerie, génie, artillerie, ambulances, subsistances, il dirigea tous les services et les assura avec la compétence d'un tacticien consommé. Et cependant il était simple dragon cinq ans auparavant ! Aussi est-ce sans hésitation que nous le plaçons sur la même ligne que les Hoche et les Marceau, ses amis, et que nous déclarons que Bonaparte, s'il ne fut pas jaloux de ses talents, eut le plus grand des torts en brisant un moment la carrière du valeureux soldat, du parfait général, dont notre plume inhabile a entrepris de retracer la gloire.

III

Passage du Wahal. — Le général Salme toujours à l'avant-garde. Capitulation d'Utrecht. — Entrée à Amsterdam. — Le général Salme gouverneur d'Amsterdam.

Le 9 janvier 1795 (20 nivôse an III), le général Salme eut ordre de passer le Wahal avec sa brigade (1) : il poussa des partis vers Metteren et Geldermalsem, et s'empara des forts de Lœwestein et de Workum à la tête des divisions Bonneau et Lemaire. Heusden, investi, capitula le 14 janvier.

Volant de succès en succès, nos troupes s'emparent, le 15, de Gertruydenberg et, le 16, de Wageningen; l'avant-garde campa un instant à Culembourg.

Des députés de la province d'Utrecht s'y rendirent et proposèrent au général Salme une capitulation pour cette province.

Provisoirement et en attendant l'arrivée du représentant du peuple, le général accorda la capitulation suivante :

---

(1) Les troupes sous les ordres du général Salme se composaient des 1er et 2e bataillons de la 32e demi-brigade ; 3 bataillons de la 131e, 3e bataillon de tirailleurs, 3e et 5e bataillons de chasseurs francs, 13e *bis* régiment de chasseurs à cheval, 1er escadron du 8e hussards, détachements du 6e régiment d'artillerie et du 8e d'artillerie légère, détachement de la 29e division de gendarmes à cheval.

CAPITULATION

FAITE PAR LE GÉNÉRAL DE BRIGADE SALME AUX COMMISSAIRES ENVOYÉS PAR LES ÉTATS DE LA PROVINCE D'UTRECHT POUR LA REDDITION DE CETTE PROVINCE.

Articles proposés.	*Réponses.*
Article 1er.	
Il y aura sûreté parfaite de personnes et de biens pour tous les citoyens et habitants de la province et personne ne sera inquiété ni pour les sentiments qu'il pourrait avoir manifestés, ni pour la conduite qu'il pourrait avoir tenue pendant le temps de la présente guerre et des troubles qui l'ont précédée.	Accordé.
Art. 2.	
Il y aura toujours liberté de religion et de culte religieux.	Accordé.
Art. 3.	
La province sera en tout cas comprise dans toutes les négociations d'arrangement ou de paix déjà entamées ou encore à entamer, dès qu'elles auront été terminées et conclues.	Renvoyé, n'étant pas de la compétence du général français.
Art. 4.	
On ne fera pendant ce temps aucun changement dans la Constitution ou forme de gouvernement de cette province.	On ne fera aucun changement jusqu'à l'arrivée des représentants du peuple.
Art. 5.	
Le gouvernement agira en tout de concert avec les représentants du peuple ou les généraux fran-	Accordé.

çais, et l'on s'entr'aidera d'un commun accord en tout ce qui sera nécessaire à la conservation du bon ordre, du repos et de la sûreté publique, ainsi qu'en tout ce qui sera requis pour l'intérêt des troupes françaises et des habitants.

Art. 6.

Les tribunaux ordinaires seront maintenus, pour tous les cas, dans leur juridiction et administration de la justice, et les habitants continueront à n'être justiciables que devant leurs juges compétents.

Renvoyé aux représentants du peuple.

Art. 7.

Pendant cet état de choses, les impôts et revenus publics continueront à être perçus par le gouvernement, de la manière ordinaire, au profit de la province; par contre le gouvernement s'arrangera avec les représentants et généraux au sujet des moyens de subvenir aux besoins des troupes françaises.

Cela n'est pas de la compétence du général français.

Art. 8.

Les représentants et généraux français sont priés de ne pas faire entrer plus de troupes dans la province qu'il n'en sera nécessaire pour la garde de son territoire, pour la conservation du repos et du bon ordre, ainsi que pour le maintien des autorités légitimes; et plutôt des troupes de ligne que d'autres, à moins que la nécessité des circonstances n'en fasse ordonner autrement.

Le général en chef décidera sur cet article.

Il n'existe pas de différences dans les troupes de la République.

Art. 9.

Le régiment de Mecklembourg, ainsi que le bataillon de Petit, actuellement en garnison à Utrecht et à Amersfoort, pourront y demeurer pour le maintien du bon ordre jusqu'à ce qu'ils y soient remplacés par les troupes françaises ; après quoi ils passeront à tels autres endroits dont on pourra convenir et demeureront toujours soumis aux conditions qui leur ont été imposées par la capitulation de Maëstricht et Bois-le-Duc.

Les troupes de la garnison de Maëstricht et Bois-le-Duc, actuellement en garnison à Utrecht et Amersfoort pour le maintien de l'ordre et du repos public, sortiront de la ville d'Utrecht par la porte Catherine après avoir posé les armes et s'en iront où bon leur semblera ; ils ne pourront emporter que leurs effets, de même que les officiers.

Il en sera de même pour toutes les troupes qui sont dans ce cas et dans la province d'Utrecht.

Art. 10.

Comme la circulation de toute autre monnaie que celle d'espèces sonnantes ferait un tort considérable aux intérêts de cette province et de ses habitants, où on n'est accoutumé à aucune autre monnaie, les paiements continueront à se faire en espèces sonnantes.

Refusé.

Art. 11.

Les militaires de quelque grade qu'ils puissent être, qui, depuis longtemps, ont fixé leur domicile dans cette ville et ne font pas de service actuel, soit parce qu'ils se trouvent pensionnés, soit pour cause de vieillesse ou autrement, pourront continuer à y tenir leur domicile sans pouvoir être en aucune manière inquiétés au sujet de leurs charges militaires.

Tous ceux qui n'ont pas porté les armes contre la République française, ceux qui ont donné leur démission, ne sont pas prisonniers de guerre. Tous autres ne sont pas exceptés de cette capitulation.

Art. 12.

Comme il se trouve dans la province des bagages de plusieurs

Tous les bagages et effets appartenant à des corps militaires

corps militaires, parmi lesquels il y en a qui même n'y ont pas été en garnison, ces bagages resteront à la disposition de leurs corps et pourront sortir librement , de même que les officiers et soldats malades qui se trouvent dans les hôpitaux ou les quartiers, et que les femmes et enfants jouiront de la même liberté.

Art. 13.

Toutes les garnisons des villes occupées dans la province d'Utrecht par des troupes hollandaises seront également prisonnières de guerre sur leur parole et poseront les armes devant les troupes françaises, ensuite pourront se retirer en Hollande jusqu'à échange d'homme à homme, individu à individu, grade pour grade. Toute l'artillerie et magasins de quelque nature qu'ils soient, seront remis entre les mains des commissaires français qui se rendront à cet effet dans les places.

Les villes de la province d'U-trecht seront occupées par des troupes françaises avant que les hollandaises en sortent et celles-ci poseront les armes devant les troupes françaises et seront soumises à l'article 7.

Les troupes de la République occuperont demain matin chaque ville qui sera désignée par les commissaires envoyés par la province.

Ces villes sont Utrecht, Amersfoort, Rhéenen, Wyk et Montfoort.

Un officier de la garnison de Bréda se trouvant à Utrecht en semestre et employé comme par-

et les caisses militaires appartiendront à la République française. Les officiers et soldats malades seront prisonniers de guerre en Hollande et ne pourront porter les armes tant que la guerre durera, jusqu'à échange d'homme à homme, d'individu à individu, grade pour grade.

Les femmes et enfants sont exceptés de la capitulation.

lementaire par les Etats de cette
province, le général en chef pro-
noncera sur son sort.

Faite et arrêtée la présente capitulation,

Au quartier général à Culembourg, le **27 nivôse an III républicain.**

Signé : W.-P. DE PERPONCHER,   B.-C.-V. LYNDEN,

J.-J. VAN KISTEREN

et le général SALME.

Le lendemain, la brigade du général Salme occupa Utrecht. Les représentants du peuple y arrivèrent le 19 et ratifièrent, en la complétant, la capitulation ébauchée par le général Salme.

Le 20 janvier, la marche triomphale de l'avant-garde continua ; Pichegru, accompagné des représentants Bellegarde, Lacoste et Joubert, fit son entrée dans la ville d'Amsterdam et en prit possession au nom de la République.

L'enthousiasme de la population fut indescriptible ; l'état-major fut acclamé aux cris de : « Vive la liberté ! Vive la nation française ! Vive Pichegru ! »

Mais ce dernier, qui se fit toujours remarquer par une modestie affectée, se déroba aux ovations en se retirant avec le général Salme.

L'aspect de l'armée lors de son entrée à Amsterdam a été trop souvent décrit pour que nous le répétions ici ; elle fut parfaitement installée, mais elle manquait de numéraire, et souffrait d'une véritable épidémie de fluxions, occasionnées par l'air marécageux (1). On

---

(1) La Hollande est, ma foi, le deuil de la jeunesse ;
Chaque jour, chaque instant, l'on n'y trouve qu'ennuis.
Triste temps, tristes gens et plus triste pays !
Jusqu'aux plus grands plaisirs, tout y sent la tristesse :
Comme les animaux qui sont dans les forêts,
On y vit sans jouir, on y meurt sans regrets !

(COLIN, de Grand.)

s'occupa activement de faire venir des subsistances de Paris.

Le général Bonneau ayant pris possession de La Haye, Pichegru s'y rendit accompagné des représentants du peuple, et remit le gouvernement d'Amsterdam au général Salme.

Aussitôt après le départ du général Pichegru et des représentants du peuple, la situation se tendit. Les intrigants ne négligeaient rien de ce qui pouvait égarer le peuple et servir leurs vues perfides; il y eut même au commencement de nivôse, à Amsterdam, à La Haye et dans beaucoup d'autres endroits, des mouvements occasionnés par un bruit général que les Prussiens étaient sur le territoire et que, de l'aveu même des Français, ils allaient remettre les choses sur l'ancien pied. Des mesures sévères rétablirent néanmoins le calme, et le danger disparut.

Le gouverneur, ayant appris que des meneurs s'introduisaient dans la ville, excitant le peuple à la révolte, multiplia les précautions, fit publier et afficher l'avis suivant :

« Au quartier général à Amsterdam, 9 pluviôse an IIIe
de la République française, une et indivisible.

» Tous bourgeois, aubergistes ou particuliers ayant hôtels garnis, sont tenus d'envoyer tous les matins, au commandant temporaire français de la ville d'Amsterdam, une liste de toutes les personnes qui auront logé chez eux, en y spécifiant le nom, la qualité, la durée du temps qu'ils ont à y rester et les affaires qui les y amènent.

» Ceux qui ne rempliront point les formes exigées par le présent ordre seront regardés comme suspects, mauvais citoyens et voulant protéger les malveillants qui se glissent dans cette ville et troublent l'ordre qui y règne.

» Chaque particulier désignera sur son rapport son nom et celui de son quartier.

« *Le Général commandant la ville d'Amsterdam,*

» Signé : SALME ».

Après la reddition de La Haye et le départ du stathouder, les instigateurs et les victimes de la Révolution de 1787 entrèrent aux « Etats généraux régénérés »; et en conséquence de la résolution des représentants provisoires du peuple hollandais, prise dans leur assemblée à La Haye le 10 pluviôse, on publia à Amsterdam, le 14, la proclamation suivante :

« LIBERTÉ, EGALITÉ, FRATERNITÉ.

» Les représentants provisoires de la commune d'Amsterdam ont la satisfaction de donner connaissance à leurs concitoyens, par la présente, de l'agréable nouvelle qu'ils ont reçue que hier l'Assemblée de Hollande a été ouverte sous le nom de « Représentants » provisoires du peuple de Hollande », et que, sous la présidence du citoyen Pieter Paulus, il a été décrété en général et provisoirement ce qui suit :

» I. — La souveraineté du peuple de Hollande et la déclaration des droits de l'homme.

» II. — L'abolition du stathoudérat comme aussi de la

charge de capitaine général et amiral des Provinces-
Unies, avec les prérogatives qui y étaient attachées.

» III. — Que tous les citoyens et habitants de la Hollande soient relevés du serment fait à la soi-disant
ancienne Constitution.

» IV. — Que le Collège des conseillers-députés et de la
chambre des comptes de Hollande est aboli et qu'à sa
place on a établi un Comité de Bien public, un Comité
des Affaires militaires et un Comité des Finances.

» V. — Que la charge de député à l'Assemblée des soi-
disant Etats généraux est révoquée.

» VI. — Que le droit de chasse et de pêche, qui appartient à chaque citoyen sur son territoire, est rétabli.

» VII. — Qu'il sera pourvu le plus tôt possible à l'ordre
nécessaire pour prévenir les suites funestes des inon-
dations.

» VIII. — Que les impositions levées jusqu'à présent
seraient continuées provisoirement, mais qu'on
s'occupera le plus tôt possible de les diminuer et de
les lever sur un pied plus exact de proportion.

» IX. — Qu'un courrier sera envoyé à Paris pour ordonner à la commission des soi-disant Etats généraux de s'abstenir de faire aucun acte au nom de la
province de Hollande, et de se tenir à cet égard pour
révoquée.

» X. — Enfin qu'une commission tirée de l'Assemblée
de ces représentants provisoires de Hollande tien-
dra incessamment séance dans l'Assemblée des Etats
généraux pour prendre soin des intérêts du bien
public. »

Comme on le voit, ce programme était à peu près calqué sur la Constitution française. Le général Salme, que sa modération et sa sagesse administrative avaient rendu cher aux patriotes hollandais, ne fut pas étranger à sa rédaction.

Le chef de brigade Dehay et l'aide de camp Chenaud accompagnaient le général dans toutes les réunions publiques, et la présence de ces braves soldats eut souvent une heureuse influence sur les délibérations.

Le général Salme, profitant des bonnes dispositions des habitants d'Amsterdam en sa faveur, obtint facilement des subsides pour ses troupes : elles furent vêtues à neuf et pourvues d'une nourriture abondante.

IV

**Pacification de la Hollande. — L'armée du Nord prend
ses cantonnements.**

La prise légendaire des vaisseaux hollandais (1) par
la cavalerie française terminait, par un prodige, la
campagne de Hollande. Pichegru résolut de donner du
repos à ses héroïques soldats, qui, sans se plaindre,
dans un pays froid et malsain, en avaient, au pas de
course, assuré la conquête.

Il établit ses troupes depuis Amersfoort jusqu'à
Naarden, sur le Zuyderzée; la brigade Salme occupa
Arnheim sous le commandement provisoire du chef
de brigade Dehay, le général ayant obtenu un congé
pour aller en France chercher sa femme et son père.

Vers cette époque, les divisions de l'armée du Nord,
inutiles à la garde de la Hollande, rejoignirent l'armée
de Rhin-et-Moselle, qui venait d'être formée et dont le
commandement avait été donné à Pichegru ; le général
Salme demeurait à la tête d'une partie de l'armée d'oc-
cupation.

Il installa son quartier général au château de Woorst,
splendide habitation à une lieue de Zutphen, dans la
province d'Over-Yssel.

Le parc de ce magnifique château était très giboyeux
et les secrétaires du général, jeunes gens pleins d'en-

____

(1) Voir les Mémoires du général baron Lahure.

train et de belle humeur, y chassaient avec le chien de M. Salme, le père.

L'adresse et la poésie étaient à l'unisson :

> Certain jour, informés des visites fréquentes
> Que faisait le gibier dans les bosquets voisins,
> Nous courûmes de suite aux lièvres, aux lapins,
> Pour punir dans leur sang leurs traces insolentes ;
> Mais malgré nos efforts et les soins de Fineau,
> Ne pouvant arrêter ces bêtes trop habiles
> Et las de nous donner des peines inutiles,
> Nous reprîmes enfin le chemin du château.

Toute étiquette était bannie de la demeure du général, qui recevait souvent, le soir, les membres de son état-major composé presque entièrement de parents et de compatriotes. L'un de ses frères même était du nombre de ses secrétaires ; un cousin et un ami intime de sa famille en faisaient aussi partie.

Aussi était-ce une grande joie pour tous lorsque le père du général, au cours d'une soirée intime, voulait bien raconter une histoire du pays. L'une de ces histoires nous étant parvenue, nous en faisons part, dans toute sa naïveté, à nos lecteurs :

« LE BONSOIR A M. LE CURÉ D'AILLIANVILLE.

» Le 4 octobre 1792, le sieur Liébaut, curé d'Aillianville, étant allé à Nancy voir un de ses amis, on lui dit que rien n'était si beau à voir dans cette ville que la comédie. Tenté de savoir ce qu'il en était, mon dit sieur Liébaut en exprima son désir à plusieurs personnes qui lui conseillèrent de n'y point aller, parce que, disaient-elles, M. Lalande, évêque constitutionnel du département de la Meurthe, punissait très sévèrement ceux des ecclésiastiques qui allaient à la comédie ; cependant, elles lui dirent qu'en se déguisant, M. Lalande n'en saurait peut-être rien ; c'est pourquoi elles donnèrent des habits laïcs au sieur Liébaut, et, l'aidant à se vêtir, elles attachèrent au dos de l'habit un écriteau portant ces mots : « Bonsoir, Monsieur le » curé d'Aillianville ».

» Mon grivois, sans savoir cela, se rend dans une loge pour assister à la comédie. Aussitôt que toutes les bougies furent allumées, chacun, apercevant cela derrière le dos du sieur Liébaut, allait auprès de lui et le saluait en disant : « Bonsoir, monsieur le curé » d'Aillianville ». Il se retourne et salue en souhaitant le bonsoir lui-même. En se retournant, ceux qui étaient derrière virent l'écriteau et s'écrièrent : « Bon- » soir, monsieur le curé d'Aillianville ! »

» Il se retournait encore et faisait la même cerémonie.

» Le sieur Liébaut, étonné de tous ces bonsoirs et croyant n'être pas connu, se retira bien vite chez son ami, crainte d'être puni de la part de M. Lalande.

» Arrivé chez cet ami, on lui dit qu'il pourrait bien se faire que M. Lalande envoyât des archers après lui. Comme c'était un tour qu'on voulait lui jouer, on fut dire à l'exempt de police de venir avec deux archers pour lui donner l'épouvante. Liébaut, qui regardait par la fenêtre, les vit entrer dans la cour ; on lui conseilla de se cacher sous le lit, ce qu'il fit. A peine y fut-il que les archers entrèrent dans la chambre et demandèrent si M. le curé d'Aillianville était à la maison ; on leur répondit qu'il venait de sortir ; à quoi ils répondirent qu'ayant reçu ordre de M. l'évêque de saisir M. le curé d'Aillianville et de le conduire en prison, ils faisaient bien leurs excuses d'être obligés d'obéir, mais qu'il fallait qu'ils fissent une perquisition. Liébaut, qui entendait tout cela, *tremblait comme un enragé* (1) ; il craignait d'être découvert. Les archers cherchèrent par la maison et tâtèrent sous le lit avec leurs bottes sans y regarder, parce qu'on leur avait fait signe qu'il était là. Mon pauvre diable, voyant les bottes s'avancer sous le lit, se serrait contre la muraille comme s'il y eût été collé. Enfin les archers ayant fait leur perquisition, on les invita à dîner, ce qu'ils acceptèrent dans l'espérance, disaient-ils, que peut-être il allait revenir.

» Pour faire écumer mon homme, qui était sous le lit et à jeun, on se mit à table fort tard et on prolongea tellement le dîner qu'on n'en sortit qu'entre quatre et cinq heures. Durant le repas, Liébaut, qui enrageait de faim, trouva le temps fort long. Enfin, les archers étant sortis, il se retira de dessous le lit, fit ses adieux à son ami et sortit promptement de chez lui ; ayant trouvé un fiacre dans la rue, il y monta et se fit conduire à deux lieues de Nancy. Pour lors, n'ayant plus à craindre ni Lalande ni ses archers, il soupa fort tranquillement et, le lendemain matin, il se mit en chemin pour revenir et arriva chez lui bien résolu de ne plus retourner à la comédie.

» C'est ainsi que les curieux sont souvent la dupe de leur curiosité. »

----

(1) Expression vosgienne.

Le répertoire de M. Salme le père était inépuisable et les soirées se passaient ainsi chez le général d'une façon toute patriarcale.

Après un séjour de six mois au château de Woorst, le général Salme cantonna à Dewenter et à Zutphen, faisant partie de la division du général Moreau, à qui Pichegru l'avait chaleureusement recommandé.

Il contribua puissamment à l'expulsion des Anglais des provinces de Frise et de Groningue, et s'assura l'estime et l'amitié du général Souham, dans l'intimité duquel et de l'adjudant général Dardenne (1) il passa quelques jours à Dewenter.

Ces dernières opérations ayant assuré à la République la possession des Provinces-Unies, les divisions détachées de l'armée de Sambre-et-Meuse rejoignirent les troupes du général Jourdan.

Le général Salme suivit le général Moreau à l'armée de Rhin-et-Moselle. Les historiens de cette armée ont omis de citer le nom de notre héros, qui fit à Altenkirchen des prodiges de valeur : Kléber admira sa conduite et se lia d'étroite amitié avec lui.

C'est à cette époque que des troubles ayant éclaté en Belgique, le général Salme fut envoyé avec un corps de cavalerie pour les dissiper ; il réussit dans sa mission, mais un conflit étant survenu entre lui et la municipalité de Bruxelles, il aurait été destitué à la date du 24 pluviôse an V (12 février 1797) (2).

----

(1) Se distingua particulièrement à la prise de Nimègue, le 8 novembre 1794.

(2) Cette date a été donnée officiellement à la famille du général Salme par les archives de la guerre, qui ne font pas mention de la destitution authentique du 18 fructidor.

La brigade commandée par le général Salme était retournée en Hollande après la retraite de l'armée du Rhin, rejoignant l'armée du Nord, et, dès le 3 fructidor an V, cette brigade se trouvait à Dusseldorff ; le général n'avait donc pas été destitué, mais seulement rappelé.

Théâtre des opérations de l'Armée du Nord en Hollande.

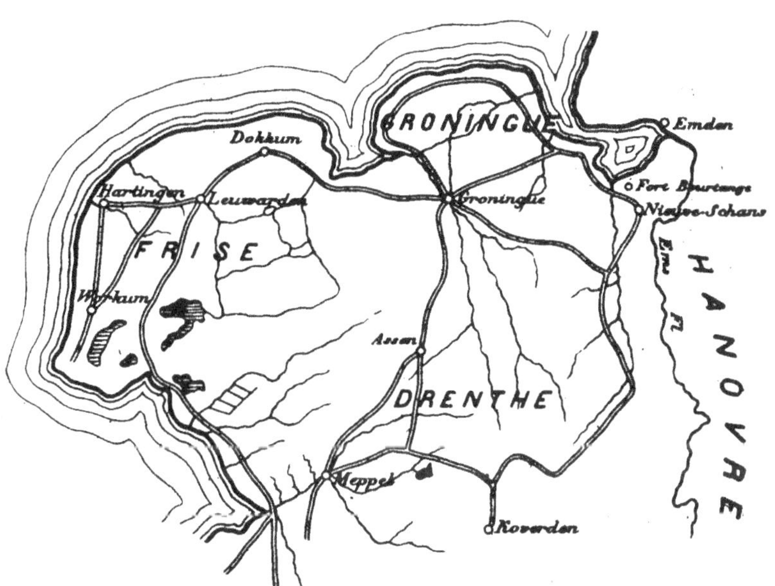

V

Le général Salme destitué à la suite du 18 Fructidor.

Lorsque le général Hoche remplaça le général Beurnonville à la tête de l'armée de Sambre-et-Meuse, il s'adjoignit aussitôt le général Salme dans sa tâche de réorganisation et le plaça provisoirement à la tête d'une brigade de dragons; il l'emmena avec lui à Cologne.

Malheureusement les complications politiques devancèrent la mort du vainqueur des lignes de Wissembourg et vinrent entraver les efforts communs des deux jeunes généraux.

Salme qui avait conservé et entretenu les meilleures relations avec son ancien chef Pichegru, avait réussi, quelque temps avant le 18 Fructidor, à rapprocher Hoche et Pichegru; mais ce rapprochement n'était qu'apparent; les sourdes menées de ce dernier devaient tout perdre et Salme, qui ne pouvait croire à tant d'infamie, fut victime de ses bonnes intentions.

Il venait d'être nommé au commandement des pays conquis sur la rive gauche du Rhin, lorsqu'il fut destitué par le Directoire pour avoir protesté contre la violation de la Constitution de l'an III.

Cette mesure demande quelques explications que nous allons essayer de donner.

D'abord l'amitié de Pichegru pour le général Salme était connue de toute l'armée; ensuite ce dernier, ne pouvant admettre que le rigide républicain qu'il avait connu en Hollande (1) fût devenu ambitieux, ne put s'empêcher de protester énergiquement contre la violation de la Constitution de l'an III par le Directoire, et il eut beau revenir promptement sur sa première impression et applaudir aux mesures qui avaient sauvé la République, il n'en fut pas moins destitué.

C'était trop pour ce soldat passionné pour le salut de son pays, endurci à toutes les privations, prêt à tous les sacrifices, enfin l'un des plus purs et des plus dévoués républicains : on le chassait de l'armée, dont il possédait toutes les sympathies, et pourquoi? parce que son chef et ami, le conquérant des Pays-Bas, avait été dénoncé comme traître à sa patrie par un autre grand capitaine sous les ordres et dans l'amitié duquel il avait vécu. Aussi est-ce le cœur gros de déceptions que le général Salme, accompagné des regrets profonds de Hoche et de son armée, se retira à Neufchâteau.

____

(1) Voir l'appendice V.

VI

L'existence précaire que menait le général, jointe aux mauvais procédés d'une épouse malveillante, le déterminèrent à faire une démarche auprès du Directoire, dans le but d'être employé à l'armée ou jugé sur les causes de sa destitution.

Il écrivit en conséquence la lettre suivante :

« Neufchâteau, le 14 fructidor an VI de la République.

» Le général Salme, destitué à la suite du 18 Fructidor,
» au Directoire exécutif.

» Citoyens Directeurs,

» La guerre semble vouloir se rallumer, et vous m'avez ôté mes armes ! Je vous les redemande, citoyens Directeurs, l'amour de mon pays me le commande ; le sang que j'ai versé pour lui l'exige ou veut que vous me fassiez juger : ce sera donc, citoyens Directeurs, devant un tribunal ou un champ de bataille que j'espère pouvoir bientôt prouver mon innocence.

» SALME. »

Cette première lettre étant restée sans réponse, il écrivit la suivante quinze jours après :

« A Neufchâteau, le 29 fructidor an VI de la République française.

» Citoyens Directeurs,

» Je m'étais flatté que vous écouteriez favorablement la demande que j'ai eu l'honneur de vous faire le 14 de ce mois, et je suis encore dans l'attente désespérée de votre réponse ; je vous le réitère, citoyens Directeurs, — UN TRIBUNAL ! LA MORT ! si je l'ai méritée — OU MON ÉPÉE ! qui, vous le savez et je le dis avec assurance, n'a servi qu'à défendre et honorer mon pays.

» Salut et respect.

» SALME. »

En même temps il adressait au Directoire, à titre de justification, la copie de deux ordres donnés par lui à Merheim le 2 brumaire, et à Dusseldorff le 3 fructidor an V.

Il écrivit aussi à Barras, le priant, en sa qualité d'ancien militaire, de vouloir bien appuyer sa demande auprès des autres Directeurs ; il lui envoyait également la copie des mêmes ordres.

Nous donnons au lecteur ces divers documents, qui peignent l'homme tout entier :

« Du 3ᵉ jour complémentaire an VI de la République française.

» *Au citoyen directeur Barras.*

» Citoyen directeur,

» C'est avec la franchise et la loyauté d'un militaire républicain que je m'adresse particulièrement à vous pour obtenir la justice que réclame ma conduite.

» Le Directoire m'a ôté, comme vous le savez, mon emploi à la suite du 18 Fructidor. Etais-je, citoyen directeur, le partisan de ceux que vous avez écrasés ce jour-là et qui voulaient un autre ordre de choses ? Ma lettre à l'un d'eux, copie de l'ordre que vous trouverez ci-joint, que j'ai donné à Dusseldorff dans le même mois, attestent assez mes principes inébranlables d'attachement à la Constitution cimentée plus d'une fois de mon sang ; et mon tort, mon seul tort, citoyen Directeur, est donc de m'être confié à un homme que je ne pouvais croire changé.

» Le 18 Fructidor a sauvé la République ; des mesures extraordinaires ont nécessité cette journée. Eh bien ! j'y ai applaudi. Mais devais-je être frappé comme un conspirateur ?

» Je vous le demande, citoyen Directeur, à vous, franc et loyal militaire, étais-je un conspirateur à Altekirken, sur le Lahn, la campagne dernière et peu de jours avant ma disgrâce ? Pouvait-on me supposer la volonté d'un autre ordre de choses, à moi, soldat parvenu, qu'un autre ordre de choses aurait sans doute encore réduit à l'état avilissant de soldat à gages ?

» Non, citoyen Directeur ! Vous deviez me juger autrement et dire que j'étais tout au plus un homme dans l'erreur. J'ai jusqu'alors resté dans le silence, en travaillant de mes bras cicatrisés de blessures honorables pour exister ; j'ai voulu, pendant une année de retraite , détromper ceux qui auraient conçu des soupçons sur ma manière de penser.

» Eh ! citoyen Directeur ! demandez à mes concitoyens quelle est la conduite que j'ai tenue depuis un an, et ma justification sera sans doute complète.

» J'ai eu l'honneur d'adresser au gouvernement une seconde demande pour ma réintégration ; et c'est à vous, citoyen Directeur, l'appui des militaires près de vos collègues, que je m'adresse pour faire valoir et appuyer ma réclamation, faire oublier les torts que j'aurais pu avoir sans intention ; et ce sera alors devant les ennemis de la République que je témoignerai à vous et à vos collègues ma reconnaissance.

» Salut et respect.

» SALME. »

UN ÉCHANTILLON DE LA CONDUITE DU GÉNÉRAL SALME PENDANT SON COM-MANDEMENT AUX ARMÉES QUI POURRA CONVAINCRE LE GOUVERNEMENT QUE CET OFFICIER NE S'EST JAMAIS ÉCARTÉ DE SES DEVOIRS NI DU SENTIER DE L'HONNEUR.

Ordre du général Salme, donné au quartier général à Merheim, le 2 brumaire an V de la République.

« Le général de brigade Salme, commandant l'avant-garde de l'armée du Nord, défend expressément aux militaires sous ses ordres, et sous la responsabilité personnelle des chefs de corps, de détruire les maisons des habitants sous le prétexte d'avoir du bois pour se chauffer (1).

» Le général ne croyait point avoir besoin de représenter à des Français qu'il doit répugner au cœur du vrai soldat et de l'honnête homme de faire du mal, de

---

(1) D'autres troupes abattaient les maisons des habitants pour en avoir le bois pour se chauffer ; celles que commandait le général Salme voulurent, à leur exemple, en faire autant, et l'ordre ci-dessus les fit sur-le-champ rentrer dans le devoir.

ruiner des habitants déjà assez malheureux par les désastres que la guerre leur cause, sans en être la cause eux-mêmes.

» Ne sont-ils point déjà trop à plaindre, ces malheureux, de s'être vu ravir tout ce qu'ils possédaient ? Ne serait-ce point une barbarie de livrer aux flammes le seul bien, le seul abri qui leur reste ?

» Non, Français ! je ne le souffrirai point, quelle que soit votre nécessité. Je porte, en faisant la guerre, un cœur humain, qui n'est déjà que trop déchiré par toutes les horreurs que cette guerre cause et que je dois empêcher de commettre. Votre besoin n'est point d'ailleurs à son dernier période ; il vous reste encore des arbres dans vos bivouacs ; et lorsqu'il n'en existera plus, si le bois que ces malheureux habitants vous apportent de celui qui est derrière vous ne peut suffire à vos besoins, eh bien, vous irez vous-mêmes en chercher, vous sacrifierez vos peines et vos bras au honteux plaisir de détruire et de saccager ; vous vous couvririez de honte, et la postérité se rappellerait à jamais que vous avez détruit pour le plaisir de détruire ! Il me suffira de vous rappeler cette maxime que tout honnête homme doit avoir toujours présente, quelle que soit sa position, qui est « de ne point faire » à autrui ce qu'on ne voudrait pas qui nous fût fait ».

» Oui, je vous le demande à vous, hussards du 5e régiment, qui vouliez ce matin, malgré vos officiers, déjà trop coupables d'avoir un instant souffert votre désobéissance, abattre la maison d'un de ces malheureux, que diriez-vous ? que feriez-vous à des soldats qui viendraient saccager, brûler, piller la maison de votre père ? Vous seriez des lâches de le souffrir !

» Je vois votre position, j'y suis plus sensible que vous ne vous l'imaginez peut-être, mais il faut l'endurer ; le mal que vous vous abstiendrez de faire sera pour vous la plus grande satisfaction ; le mérite des maux que vous aurez soufferts aura plus de prix ; vous aurez pour récompense l'estime des honnêtes gens, et vous conserverez l'amitié de vos chefs.

» C'est à vous, officiers, sous-officiers, guides de ceux que vous commandez, à les maintenir dans le chemin de l'honneur, du devoir et de l'obéissance ; s'ils s'en écartent, c'est à vous, qui avez l'autorité en main, à les y faire rentrer ; si vous ne le faites, le blâme et la honte vous attendent, vous seuls serez regardés comme les auteurs des maux qu'ils auront causés ; car voir commettre un crime et ne pas l'empêcher quand on le peut est encore un plus grand crime ; et mourir, s'il le faut, en l'empêchant, c'est mourir avec honneur.

» Voilà, Français que je commande, mes sentiments ; je ne les ai jamais démentis, et c'est depuis que je commande et que je fais la guerre qu'ils se sont principalement fortifiés dans mon cœur. Ce sont, soyez-en convaincus, ceux de tous les chefs qui nous commandent.

» Les chefs de corps feront lire le présent ordre à la troupe assemblée, et en accuseront la réception au général Salme.

» Le Général de brigade,
» SALME. »

COPIE D'UN ORDRE DONNÉ PAR LE GÉNÉRAL SALME AU COMMANDANT TEM-
PORAIRE DE DUSSELDORFF, LE 3 FRUCTIDOR AN V, QUI PEUT PROUVER,
PLUS QU'ÉVIDEMMENT, QUE LE COUP PORTÉ LE 18 FRUCTIDOR NE DEVAIT
POINT ATTEINDRE CET OFFICIER.

« Au quartier général, à Dusseldorff, le 3 fructidor, an V
de la République.

» L'on apprend, et il n'est malheureusement que trop vrai, commandant, que les émigrés rentrent journellement en France pour y porter, sans doute, la désolation ; vous voudrez donc bien donner les ordres les plus sévères aux portes de la place et aux passages sur le Rhin qu'aucun voyageur ne passe sur la rive gauche sans que ses papiers ne vous aient passé dans les mains, et scrupuleusement examinés ; c'est un devoir sacré que doit s'empresser de remplir un patriote aussi zélé et aussi pur que vous.

» *Le général de brigade,*

» SALME. »

VII

On a vu précédemment que Kléber avait remarqué le général Salme lors des opérations du général Jourdan sur le Rhin, et s'était lié avec lui d'étroite amitié; aussi quand Bonaparte, organisant son aventureuse expédition d'Egypte, fit offrir un commandement à Kléber, celui-ci, qui était en disgrâce depuis deux ans et qui connaissait les démarches faites par le général Salme pour être employé, conseilla-t-il au vainqueur de l'Italie d'aider à la réintégration de son ami et de le désigner au choix du Directoire parmi les généraux qu'il désirait voir faire partie de son armée.

Nous ne saurions affirmer si Bonaparte fut l'instigateur de la mesure, mais ce que nous savons pertinemment, c'est que le général Salme fut réintégré quelque temps après et désigné pour l'expédition d'Egypte.

Mais Moreau (1) désapprouvait cette expédition; il conseilla au général Salme de ne pas accepter la situation qui lui était faite. Ce dernier, qui éprouvait une secrète antipathie pour Bonaparte, demanda et obtint de rester en France.

Il alla quelque temps après offrir, comme volontaire, ses services à Moreau, qui commandait en chef l'armée d'Italie et qui lui donna aussitôt le comman-

____

(1) Voir l'appendice VI.

dement d'une brigade dans l'armée de Naples sous les ordres de Macdonald. (15e légère, 11e de bataille et 19e chasseurs.)

Outre le général Macdonald, le général Salme retrouvait dans l'armée de Naples le général Watrin, deux bons amis de l'armée du Nord ; aussi le premier, se rappelant la manière vigoureuse dont le général Salme avait conduit l'avant-garde de Pichegru en Hollande, lui confia-t-il la même mission en Italie.

Le général Salme, à la tête d'une brigade légère, battit le général russe Ott à Castel-San-Giovanni ; mais ce dernier, subitement renforcé par l'avant - garde du général Mélas, repoussa à son tour le général Salme, qui se replia rapidement sur le gros de l'armée et qui, quoique blessé, rallia derrière la Trebbia ses troupes qui avaient beaucoup souffert.

Le lendemain, 18 juin 1799, le combat recommença avec acharnement. La brigade détachée du général Salme formait l'extrême droite vers le Pô ; attaquée par des forces supérieures, elle résista longtemps avec opiniâtreté, mais dut se retirer d'après l'ordre du général en chef.

Le 19 juin, l'armée française, qui comptait sur l'arrivée de Moreau, reprit l'offensive ; l'infanterie légère du général Salme, disposée en tirailleurs, commença l'attaque et repoussa les avant-postes ennemis, puis, franchissant la Trebbia suivie de la première ligne de bataille, jeta le désordre dans les premiers rangs de l'infanterie autrichienne, qui opéra un mouvement de retraite. Le général Salme, profitant de ce mouvement, longeait déjà la chaussée du Pô afin d'envelopper la

gauche du général Ott, lorsque le prince de Hohenzol-
lern, à la tête de la cavalerie autrichienne, chargea
l'infanterie légèse et la fit reculer. Le général Salme,
protégé par l'arrivée de la division Olivier, rallia ses
troupes et tint tête à la division du général Ott; mais
le général Olivier ayant été contraint de repasser la
Trebbia, le général Salme, voyant qu'il allait être en-
veloppé par la cavalerie ennemie, suivit le mouvement de retraite; il avait combattu avec sa bravoure
habituelle et avait reçu une nouvelle blessure (1).

Le général Macdonald, blessé dans cette action,
remit le commandement au général Victor, l'un des
quatre généraux commandant les divisions de ce
corps (Victor, Dombrowski, Rusca et Salme).

Nous laissons parler·le général Macdonald :

« ... Par une interversion de marche, Salme, qui
commandait l'avant-garde, se trouvait en queue; les
autres divisions mises en désordre se refoulèrent sur
la sienne. Il eut la présence d'esprit de se jeter à droite
de la route et de s'y mettre en bataille; l'ennemi, qui
suivait vivement, se trouva ainsi exposé à un feu de
flanc qui le força de rebrousser chemin.

» Je prévins Salme de se maintenir là où il se trouvait pour couvrir l'armée, former son avant-garde et
l'éclairer. Le lendemain, je me fis porter à Borgo-San-
Antonio; le général Salme et les autres généraux
vinrent me rendre leurs rapports et leurs observations.

» Le général Salme, confiant dans ses troupes et dans
sa position qu'il me convenait de conserver autant que

---

(1) *Victoires et Conquêtes*, T. X.

possible, avait l'ordre précis de ne point s'engager isolément; dès la première démonstration sérieuse, il devait se replier immédiatement pour reprendre sa place dans la ligne. Il était tellement confiant dans la tranquillité apparente de l'ennemi qu'il me demanda la permission d'aller passer quelques heures à Plaisance; je le fus moins, lui refusai et fis très bien, car peu après examinant avec ma longue-vue ce qui pouvait se remarquer, j'aperçus à quelque distance, vis-à-vis de notre gauche, une troupe à cheval en observation; Salme prétendit que c'était une de ses reconnaissances de cavalerie; je lui répondis qu'elle nous faisait face, et que si ce détachement était l'un des nôtres, il nous tournerait naturellement le dos; *mais il n'était pas facile à convaincre.*

» J'envoyai reconnaître, quoique à peu près certain de mon coup d'œil. « Allez, lui dis-je ensuite, rendez-
» vous au galop à votre poste, voilà ce détachement
» observateur qui s'avance, il éclaire sa troupe; d'au-
» tres se montrent; vous allez être attaqué, faites vos
» dispositions pour vous replier. » Il partit.

» Le feu ne tarda point à commencer, et comme il y avait apparence que les forces de l'ennemi, par la nature du terrain boisé, n'étaient pas encore découvertes, Salme me fit demander un bataillon de grenadiers en assurant qu'avec ce renfort il se maintiendrait dans sa position (1). J'en jugeai différemment, tout en lui envoyant ce bataillon, mais pour le soutenir et

______

(1) Le général Salme commandait alors la 15ᵉ légère, le 11ᵉ de ligne et le 11ᵉ hussards.

s'échelonner, avec l'ordre réitéré plusieurs fois de se retirer, ce que malheureusement il ne fit qu'à la dernière extrémité et ce qui faillit nous compromettre gravement. Au premier coup de canon, ma ligne fut sous les armes.

» Notre avant-garde se retira enfin ; le feu augmentait progressivement ; je vis paraître à la suite de nos troupes cinq énormes colonnes et beaucoup de cavalerie : des blessés, des fuyards accouraient. Salme, serré de près, continuait à se retirer en combattant ; blessé d'un coup de feu, il remit le commandement au général Sarrazin, qui, blessé à son tour, le donna au vaillant colonel Lahure (1). »

Le général Salme, fait prisonnier, fut conduit en Hongrie, où il subit une captivité de 18 mois.

Le 20 juin, Macdonald, ne recevant pas de nouvelles du général Moreau, se décida, quoique à regret, à quitter les bords de la Trebbia.

---

(1) Mémoires du maréchal Macdonald.

VIII

Le général Salme revient de captivité. — Le général Moreau lui remet un sabre d'honneur. — Il est envoyé à Saint-Domingue. — Sa disgrâce. — Tentative d'empoisonnement.

Le général Salme, à son retour de captivité dans les commencements de l'année 1801, se rendit auprès du général Moreau, qui se trouvait sans emploi depuis le traité de Lunéville.

Dès cette époque, le désaccord était complet entre Bonaparte et Moreau. Ce dernier fut heureux de retrouver son ancien lieutenant et l'entretint longuement de ses dissentiments. Salme, confiant dans la parole de celui qui lui paraissait tout dévoué à ses intérêts, partagea l'opinion du général Moreau, et lorsque celui-ci, en le quittant, lui remit un sabre (1) sur la lame duquel était gravé, l'inscription :

---

(1) *Description du sabre donné par Moreau au général Salme :*

Donné

par le

Général

Moreau

l'An Neuf

Nous devons à l'extrême obligeance de M. Léopold Salme, d'Aillianville, seul neveu survivant du général, le dessin ci-joint et la description de cette arme.

Comme dimension, il est juste au tiers de sa grandeur naturelle ; la lame est mate et gravée entièrement ; la poignée est noire et ornée de cuivre doré ; le cuir du fourreau est noir et chagriné ; les garnitures sont en cuivre ciselé.

Un petit cartouche, gravé sur la lame à douze centimètres de la garde, contient l'inscription ci-contre :

L'entaille qui se fait remarquer en haut de la poignée fut produite par le projectile qui tua le général, et la fêlure de la lame fut occasionnée par sa chute mortelle.

Cette arme est par conséquent d'une valeur inestimable pour M. Léopold Salme, qui fut sous-officier de cavalerie et dut quitter l'armée à la suite d'un accident de cheval qui nécessita sa mise à la retraite. Ses deux fils poursuivent la carrière militaire.

DONNÉ PAR LE GÉNÉRAL MOREAU, L'AN IX, notre héros, pour lui prouver sa reconnaissance, lui jura un dévouement à toute épreuve.

La dernière campagne du général Salme et sa longue captivité avaient épuisé ses ressources : après quelques mois de repos, il sollicita un emploi.

Le 2 octobre 1801, il fut désigné pour faire partie de l'expédition de Saint-Domingue, sous les ordres du général Leclerc.

Aux Antilles, comme en Italie, en Allemagne, en Hollande, le général Salme se montra à la hauteur de sa réputation : à la tête de le 13e brigade de la division Hardy, il battit le général noir Christophe à l'habitation Ennery et à l'habitation Bayonnai (février 1802).

Après la prise du fort de la Crête-à-Pierrot, le général Salme, dirigeant la marche de la division sur le Cap, repoussa les bandes réunies par Toussaint-Louverture et qui, pendant cette marche pénible, au milieu d'un pays très accidenté, assassinaient les malheureux soldats qui s'écartaient de la colonne.

La général Salme, tout en remplissant bravement ses devoirs de soldat, ne pouvait s'empêcher de protester contre la violation du décret de la Convention qui avait aboli l'esclavage, et déplorait une expédition qui nous coûtait tant de sang : aussi la première mesure du général Leclerc en arrivant, au Cap, fut le renvoi en France du général Salme (mai 1802).

Il fut mis en disponibilité le 22 septembre suivant, puis à la retraite, par décret du 26 août 1803, avec une modique pension de 2.500 francs.

Ainsi, après neuf années de grade de général de brigade, après avoir assisté à plus de vingt batailles, pris des villes, reçu cinq glorieuses blessures, le général Salme, pour avoir déplu au beau-frère du 1er consul (1), recevait, au lieu de récompense, l'ordre de quitter l'armée à l'âge de 37 ans !

Le désœuvrement et le manque de ressources suffisantes déterminèrent le général Salme à se rendre auprès de son beau-père, dans une propriété qu'ils avaient achetée en commun.

Cette propriété, située à Drusenheim, provenait d'une commune badoise, quoique longeant la rive droite ; c'était un territoire compris entre le Rhin et un ancien bras de ce fleuve. Peu de temps après la Révolution, les communes badoises qui possédaient des ter-

---

(1) On a prétendu que le général Salme n'avait pas été indifférent aux charmes de Pauline Bonaparte.

Général Salme. 10

rains en Alsace les aliénèrent; c'est ainsi que M. Masse, beau-père du général, devint conjointement avec lui, propriétaire d'un bois défriché, d'une contenance d'environ cinquante hectares.

M. Masse et le général s'occupaient de l'exploitation de leur propriété (1), et la situation eût été bonne si Mme Salme avait su apprécier son mari et lui savoir gré des mille prévenances dont elle était l'objet de sa part. Mais cette femme acariâtre, d'un naturel pervers, mit tout en œuvre pour accroître la peine de son époux au lieu de chercher à l'atténuer par une tendresse dont il était si digne.

Deux maisons étaient bâties sur la propriété : l'une habitée par le général, l'autre par son beau-père. Mme Salme commença par quitter le foyer conjugal pour aller habiter chez son père. Cela n'était rien encore, quoique fort déplacé; mais non contente de cet abandon, et voyant que le général, avec son abnégation touchante, continuait à remuer la terre de ses *bras cicatrisés d'honorables blessures* (2), elle résolut de s'en débarrasser par un crime odieux.

Le général, lors de sa destitution, avait été suivi dans sa retraite par un serviteur qui lui était très attaché, le brave Louis, natif d'Aillianville comme son chef.

Mme Salme chercha à gagner l'ordonnance de son

---

(1) Il existe encore entre Drusenheim et Herrlisheim un vieux pont de bois que l'on appelle dans le pays « Generale Brück » parce qu'il avait été construit par le général Salme, pour l'exploitation de sa propriété, sur un ancien bras du Rhin désigné sous le nom de « Kreutz Rhein ».

(2) Suivant la propre expression du général, dans sa lettre à Barras.

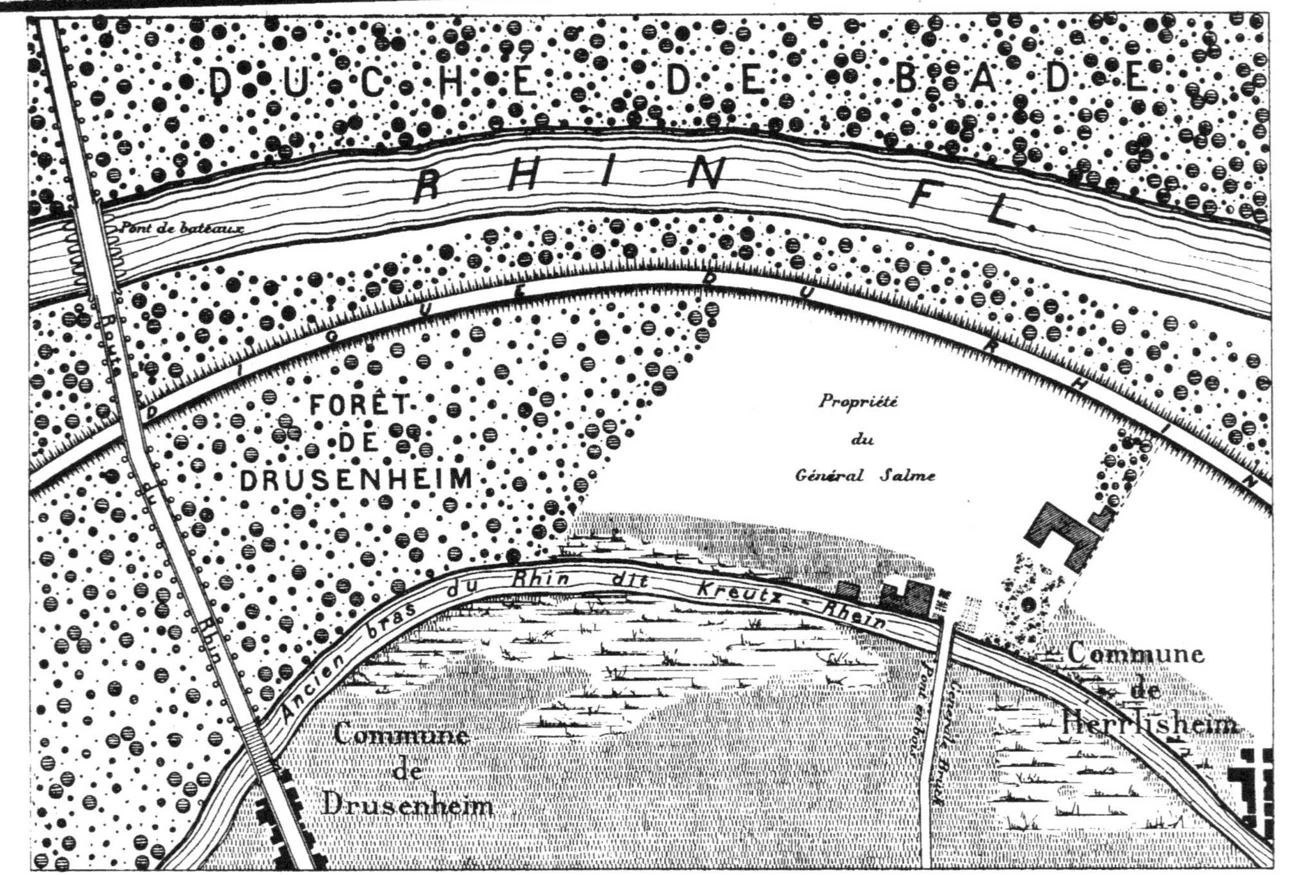

DUCHÉ DE BADE
RHIN FL.
Pont de bateaux
Route
FORÊT DE DRUSENHEIM
Propriété du Général Salme
Ancien bras du Rhin dit Kreutz=Rhein
Rhin
Commune de Drusenheim
Pont en bois
Generale Bruck
Commune de Herrlisheim

mari, et, lorsqu'elle le crut dévoué à ses projets, les lui dévoila dans toute leur horreur : elle avait choisi le poison !

Un jour donc, elle pénétra dans la maison de son mari et versa le poison dans le café au lait que l'ordonnance avait coutume de porter tous les matins à son général. Voyant celui-ci porter la tasse empoisonnée à ses lèvres, le brave et honnête Louis, qui avait paru à l'indigne épouse tremper dans le complot et le lui avait laissé croire pour être plus sûr de sauver le général des menées de cette méchante femme, s'écria tout à coup : « Mon général, ne buvez pas ou c'est la mort. » Le général fut d'abord stupéfié, puis, rempli d'indignation et ne pouvant croire à un pareil crime de la part de celle qui avait toute son affection, il saisit un pistolet d'arçon qui était placé sur sa table de nuit et le dirigeant sur l'ordonnance : « Si tu as menti, dit-il, tu le paieras de ta vie ! »

Il fit alors avaler le contenu de la tasse à son chien, couché au pied du lit. Le chien mourut après une heure et l'autopsie révéla les traces du poison.

Cette fois, la mesure était comble : le général, désespéré, quitta sa propriété et retourna à Neufchâteau, dans une petite maison de la place du Marché (1). Il s'associa à un fabriquant d'amidon.

Mais cette situation presque précaire ne pouvait répondre aux aspirations du général, qui fit des démarches pour obtenir sa réintégration dans les cadres de l'armée ; elles n'obtinrent aucun succès, d'autant

____

(1) Aujourd'hui place Jeanne-d'Arc.

moins qu'elles avaient été appuyées par le général Moreau. Il advint qu'il fut inquiété lors de l'arrestation de Pichegru et de Moreau ; le gouvernement lui fit même un crime d'avoir reçu un sabre d'honneur des mains de Moreau ; il s'en était cependant servi vaillamment à Saint-Domingue. Il fut soupçonné d'avoir eu connaissance de la conspiration de ses anciens chefs et fut surveillé par la police impériale.

Bien qu'il ait pu songer à seconder ses protecteurs contre celui qui avait brisé sa carrière, le général Salme n'avait en rien contribué à leurs manœuvres, et des motifs d'ordre plus intime suffisaient largement à troubler sa tranquillité : il plaidait contre son épouse en séparation de corps et de biens ; la solution fut tout en sa faveur.

Les généraux Bessières et Macdonald firent tous leurs efforts pour obtenir de l'empereur le rappel à l'activité de leur camarade Salme ; ils ne purent rien obtenir.

Il fallut l'attaque inopinée des Anglais contre Flessingue pour que le général Salme fût rappelé à l'activité. L'armée de première ligne combattait en Autriche, le nord était à peu près dégarni, Anvers à peine en état de défense ; le ministre de la guerre Clarke, sans attendre les ordres de l'empereur qui était alors à Schœnbrunn, prit sur lui de diriger sur Anvers tout ce qui se trouvait de disponible en troupes dans les dépôts et dans les places des départements du nord : les gardes nationales furent mises en activité ; des généraux et des officiers supérieurs de toutes armes, rappelés au service, reçurent la même destination.

Le général Salme bénéficia l'un des premiers de cette mesure : placé à la tête d'une brigade de gardes nationales, il fut chargé de la défense du point le plus important, du fort dit la Tête-de-Flandre, qui protège l'embarcadère d'Anvers sur la rive gauche de l'Escaut.

IX

La fatalité semblait attachée aux pas du général
Salme. Pendant qu'il donnait tous ses soins à l'organisation de sa brigade, Bernadotte vint en passer la
revue ; le compte rendu fut excellent et le résultat : le
renvoi du général Salme dans ses foyers à la date du
26 septembre 1809.

Napoléon avait décidément renié son passé et tenait
à l'écart les héros républicains.

Une fois encore, Salme avait fait son devoir et ren-
trait dans la disgrâce.

Sans foyer, sans asile, complétement désespéré, le
général vécut quelque temps à Paris et il se disposait à
retourner dans sa petite ville de Neufchâteau, lorsqu'il
apprit que le général Souham, grièvement blessé en
Espagne, venait de rentrer en France : il se rendit auprès de son ancien frère d'armes de l'armée du Nord,
autant guidé par un sentiment d'affection que pour
savoir de lui s'il lui serait possible de l'aider à obtenir
un commandement dans l'armée d'Espagne.

Le général Souham promit à son ami de faire tout
ce qu'il pourrait, regrettant vivement que sa blessure
l'empêchât d'agir aussi activement qu'il le désirait.

Malgré le mauvais vouloir bien avéré de l'empereur
à l'endroit du général Salme, il était impossible de
rejeter la prière du vainqueur du général O'Donnell, et

le 16 avril 1810, son protégé, rappelé à l'activité, était dirigé sur l'armée de Catalogne.

Entre temps, le général Salme avait intenté une action en divorce, désirant, croyons-nous, se créer un nouvel intérieur.

Il rejoignit le maréchal Macdonald à Barcelone et fut placé par lui à la tête d'une brigade d'infanterie de ligne qui passa quelques mois après dans l'armée d'Aragon, sous les ordres du général Suchet.

Cette brigade, composée des 7e et 16e régiments, ne tarda pas à s'illustrer sous les ordres de son jeune et vaillant chef. Le 4 mai 1811, elle attaqua et emporta

Ruines du fort l'Olivo.

avec une grande valeur les retranchements construits en avant du fort de l'Olivo, défendus avec opiniâtreté, et repoussa toutes les tentatives que fit l'ennemi pour reprendre ces retranchements.

Dans la nuit du 14 au 15 mai, le général Salme, à la tête de huit cents hommes d'élite, s'empara de deux autres retranchements qui empêchaient d'ouvrir la

Ruines du tombeau des Scipion.

tranchée. La garnison du fort exécuta une sortie que le général repoussa vigoureusement jusque sous les murs de l'Olivo, en lui tuant beaucoup de monde.

Le général en chef réservait à son lieutenant l'honneur insigne de conduire à l'assaut les premières colonnes, lorsque, dans la nuit du 27 au 28 mai, un biscaïen, frappant le général Salme à la tête, vint mettre fin à tant de gloire.

Cette mort glorieuse est ainsi racontée par le maréchal Suchet dans ses mémoires :

« Dans la nuit du 27 au 28 mai, la batterie de brèche étant achevée, il fallait y conduire les quatre pièces de 24 destinées à l'armer. On ne pouvait se servir de chevaux : les soldats s'attelèrent eux-mêmes avec empressement et les traînèrent. Entendus et presque vus de l'ennemi à une si petite distance, ils furent écrasés de mitraille ; mais leur ardeur était à l'épreuve ; ceux qui tombaient étaient aussitôt remplacés. Il régnait dans le camp une impatience générale de voir notre artillerie répondre enfin au feu de la place qui nous accablait depuis si longtemps.

» Les assiégés saisirent ce moment difficile pour faire une vigoureuse sortie. Le général Salme, qui veillait sans relâche au succès de l'opération, avait ses réserves toutes prêtes ; il accourut aussitôt et il criait : « Brave septième, en avant! » lorsqu'un biscaïen le frappa à la tête et le renversa mort. Nos soldats, furieux de la perte de leur général, se précipitèrent sur les Espagnols, les culbutèrent et les poursuivirent jusque sous les murs du fort. »

Le général en chef fit ensevelir le corps du général Salme sous une portion d'aqueduc romain qui était près du camp de sa brigade, et son cœur, qui fut embaumé et qu'on devait enterrer dans le fort de l'Olivo, fut déposé sous le tombeau des Scipions (1), sur la route de Barcelone.

---

(1) *Description du tombeau des Scipions :*

Le Tombeau des Scipions ou Tour des Scipions (Torre de los Escipiones) est situé à une lieue environ de Tarragone, sur la route allant de cette ville à Barcelone et qui se confond en cet endroit avec l'antique Via Aurelia.

Cette tour rectangulaire, dont la partie supérieure a été détruite et dont la hauteur actuelle est de neuf mètres, est ornée, sur celle de ses façades qui regarde la mer, de deux statues de haut relief dont le temps a effacé en grande partie le dessin.

Pons de Icart, dans son ouvrage intitulé : *Grandezas de Tarragona*, dit qu'entre ces statues il y avait une plaque d'albâtre portant une inscription : « la cual se clevo pasando por alli, Fr. Francisco Ximenez, cardenal de Espana, que fue curador grande tiempo de la reina Dª Isabel, de gloriosa memoria, y nunca se ha podido saber si se lo clevo á Roma o á Castilla jo por mi parti lo he procurado saber, para poder poner aqui una copia de la escritura, y no ha sido posible saberlo. Dios se lo perdone, porque sin duda aquella escritura daba verdadera noticia, de loque aquella torre era, jel porque fue edificada sobre las dichas estatuas. En las mesmas piedras de la torre estan cuatro renglones de letras muy gastadas y comidas del viento marino que les da, y las que yo he podido hacer limpias : son las siguientes. ORN... TE EAQVE L. O. VNS.. VER.. BVS.. I.. S.. NEGL.. VI.. VA.. FL.. BVS.. VBI.. PERPETVO REMANE.. » (TRADUCTION : « la quelle fut enlevée, lorsqu'il passa par là, Fr. Francisco Ximenez, cardinal d'Espagne, qui fut pendant longtemps curateur de la reine Dona Isabel, de glorieuse mémoire; et on n'a jamais pu savoir s'il l'apporta à Rome ou à Costilla. Quant à moi, j'ai fait mon possible pour le savoir, afin de donner ici une copie de l'inscription, mais sans y réussir. Dieu le lui pardonne, parce que sans aucun doute cette inscription fournissait des renseignements certains sur la tour et pourquoi était-elle bâtie sur les dites statues. Sur les pierres de la tour il y a quatre lignes de lettres très effacées par le vent de la mer; je suis arrivé à déchiffrer, en les nettoyant, les suivantes :

« ORN... TE EAQVE L. OVNS.., etc., etc. »

Il existe effectivement un vide entre les deux statues; et, dans leur ouvrage intitulé *Tarragona monumental*, MM. Francisco Albiná et Andrés de Bofarull émettent l'opinion que ce vide contenait la plaque d'albâtre.

Au contraire, Hernandez Sanahuja soutient, dans *Il Indicador arqueologico de Tarragona,* que cette plaque n'a jamais existé.

Pons de Icart publia ses *Grandezas de Tarragona* en 1572.

Tarragona monumental date de 1849; l'*Indicador arqueologico de*

Le général Suchet, pour honorer la mémoire du général Salme, ordonna aux troupes de sa brigade l'assaut du fort l'Olivo : ces braves gens se ruèrent littéralement sur l'ouvrage et, avec le sang des Espagnols massacrés, écrivirent sur les murs du fort : « Notre brave général Salme vengé » (1).

Tarragona parut en 1867 (*). Ces deux derniers documents ne font mention d'aucune inscription moderne ; il est fort regrettable que le nom du général Salme ne soit pas inscrit sur ce monument, sous les ruines duquel son cœur fut déposé. Il y a là une lacune patriotique à combler ; les bonnes relations qui existent entre l'Espagne et la France le permettent, et le temps qui détruit tout a fait oublier la longue guerre qui en fit, il y a quatre-vingts ans, des ennemis acharnés.

(1) Les journaux du 23 juin 1811 publièrent l'article suivant :

« *Espagne.* — Le fort Olivo est un ouvrage important établi sur le rocher, à 400 toises de Tarragone ; il est le résultat d'un travail pénible ; les Espagnols y travaillaient depuis trois ans et y ont dépensé plus de sept millions ; il présente 60 embrasures armées et un développement de 800 toises. 1.500 miquelets et 500 hommes de troupes légères, partis de Manresa, ont attaqué le poste de Monblanch, sur la route de Lérida ; le commandant Année, à la tête de 300 hommes du 14ᵉ de ligne, les reçut avec une telle vigueur qu'ils regagnèrent rapidement leurs montagnes. Campo-Verde est rentré dans le port de Tarragone, sous l'escorte d'un vaisseau anglais, avec les faibles débris de son armée battue sous Figuières. La flottille anglaise a tiré pendant ce temps plus de trois mille coups sur nos ouvrages, mais sans succès. La garnison de Tarragone a fait une sortie composée de 6.000 hommes qui se sont portés sur deux bataillons du 116ᵉ établis à 90 toises du Francoli. Le combat a été vif et opiniâtre ; les compagnies d'élite du 5ᵉ léger étant accourues, l'ennemi fut chargé avec impétuosité et mis dans une déroute complète ; nos gens les ont poursuivis jusque sur les glacis de la place, qui, ainsi que la flotte, faisait un feu épouvantable. Les Espagnols ont laissé sur le champ de bataille 300 morts ; ils ont eu plus de 600 blessés.

» Le 27 mai, l'ennemi fit une sortie. Le général Salme, à la tête du 7ᵉ de ligne, s'est porté rapidement sur les Espagnols ; mais au moment où il lançait sa troupe en criant : « Brave septième, en avant ! » il a été frappé à mort par une balle. L'ennemi a payé cher ce malheur : nos braves se sont précipités sur lui, et en ont fait un carnage affreux jusque sous les murs de la place. »

(*) Nous devons ces renseignements à l'extrême obligeance du vice-consul de France à Tarragone : M. Olivier Ordinaire.

M. Villemin publia en 1848, dans sa biopraphie vosgienne, une notice dont nous avons extrait ce passage :
« Au moment où le général Salme mourait pour son
pays, Napoléon le nommait général de division, le
créait baron de l'Empire et lui envoyait cette étoile
de l'honneur qu'il avait tant de fois méritée et qui ne
devait pas briller sur sa poitrine !

» L'empereur, qui venait enfin de lui rendre justice,
le regretta vivement et ordonna par un décret que le
fort l'Olivo prendrait le nom de « Fort Salme ».

Le titre de baron, ne fut pas régularisé tout naturellement, et le décret fut simplement enregistré à la
chancellerie (sceau des titres) sans délivrance de lettres patentes ni d'armoiries.

Voulant réparer, autant que possible, son injustice,
l'empereur répandit ses bienfaits sur la famille du
général Salme : son vieux père reçut une pension de
1.000 francs, et son neveu, le jeune Prévost, reçut une
bourse au lycée de Nancy en 1812.

Seule l'indigne épouse du général Salme n'éprouva
aucun regret et se remaria le 30 mai 1816 avec un mé-
decin bavarois qui avait suivi l'invasion des armées
ennemies.

La vie du général Salme, consacrée au devoir et à
l'honneur, est le plus bel exemple que puissent suivre
ses arrière-neveux.

La franchise, la loyauté, la cordialité, rehaussaient
ses vertus guerrières. Sa bienveillance et son extrême
générosité tempéraient et dominaient son caractère
ardent et sévère. La considération générale dont il
jouissait était le fruit d'une conduite noble, toujours

exempte du moindre reproche. Généralement heureux dans ses entreprises militaires, les soldats avaient en lui une confiance illimitée ; sans cesse préoccupé de pourvoir à leurs besoins, ils l'aimaient comme un père : sa mort leur fit verser des larmes, et sa réhabilitation tardive dans l'esprit de Napoléon est la preuve bien convaincante que les grands généraux de la République avaient tous eu raison de lui donner et de lui conserver leur confiance et leur amitié, puisqu'il reconnaissait enfin la valeur et les mérites de celui qu'il avait disgracié précédemment.

Et ce fut un véritable titre de gloire pour le général Salme d'être placé dans l'esprit de Napoléon sur le même pied que ces illustres généraux qui rivalisaient avec lui de talents et de gloire.

APPENDICES

I

COPIE de l'acte de mariage du général Salme. (Extrait des
actes de l'état civil de Saverne.)

16 avril 1792.

Hodie mensis Aprilis decima sexta anni millesimi nona-
gesimi secundi, unâ tantum proclamatione hac in ecclesia
parochiali publice facta (in duabus aliis faciendis Reveren-
dissimus Episcopus Argentinensis dispensavit), nullo de-
tecto impedimento et prævie recepto mutuo consensu a me
infrascripto sacro matrimonii vinculo in facie ecclesiæ
conjuncti sunt : Joannès-Baptista Salme, ex Aillianville
oriundus, departementi de Haute-Marne et districtus de
Bourmont, adjudant du 2e bataillon des Vosges, filius Joan-
nis-Baptistæ Salme et Mariæ Joannæ Vignon — et Maria (*)
Masse, Ludovici Masse, crinium concinnatoris hujatis, et
Joannæ d'Esper conjugum filia.

Testes fuere tres infrascripti subcenturiones in agmine
supradicto.

> Sponsus : J.-Bpte SALME.
> Sponsa : Maria (*) MASSE.
> Testes : RENAULD l'aîné, BRESSON, MARTEAU.

(*) Jeanne-Henriette. — La présente rectification a été faite en vertu
du jugement du tribunal de Saverne du 8 juillet 1812, inscrit au regis-
tre accessoire de l'année 1812, fol. 2 et 3.

(Approuvé par l'officier de l'état civil.)

I bis.

TRADUCTION de l'acte de mariage du général Salme.

Aujourd'hui, 16 avril 1792, après une seule publication en cette église paroissiale (dispense des deux autres ayant été accordée par le très révérend évêque de Strasbourg), aucun empêchement secret ne s'étant produit, en vertu du mutuel consentement ci-dessus relaté par moi, sont unis suivant les lois de l'Eglise : Jean-Baptiste Salme d'Aillianville, département de la Haute-Marne, district de Bourmont, adjudant du 2e bataillon des Vosges, fils de Jean-Baptiste Salme et de Marie-Jeanne Vignon, — et Marie (*) Masse, fille de Louis Masse, perruquier en cette ville, et de Jeanne d'Esper.

Les trois témoins ci-dessous désignés sont lieutenants dans le corps ci-dessus relaté.

L'époux : J.-Bpte SALME.
L'épouse : Maria (*) MASSE.
Les témoins : RENAULD l'aîné, BRESSON, MARTEAU.

II

EXTRAITS du livre d'ordres du général Salme, commandant
la 4e division de l'armée du Nord.

Ordre du 30 messidor au 1er thermidor de l'an II
de la République française.

Le général en chef annonce avec satisfaction que Landrecies est rentré au pouvoir de la République le 28 de ce mois.

(*) Voir, appendice I, la note.

Du 1er au 2 thermidor.

Les troupes de la République, encore victorieuses, viennent d'entrer dans la ville et château de Namur.

Du 3 au 4.

Le général en chef annonce à toute l'armée que les troupes de la République se sont emparées de la ville de Nieuport.

Du 6 au 7.

Les troupes républicaines sont entrées, hier, dans Anvers.

Du 12 au 13.

Le général en chef annonce à l'armée que les troupes composant la division aux ordres du général Moreau ont pris à l'ennemi, le 9 thermidor : 25 pièces de canon, des tentes et beaucoup de bagages, et se sont emparées de l'importante ville de Casand.

Du 29 au 30.

Le général en chef annonce avec une vive satisfaction à l'armée la prise de la ville de Trèves par l'armée de la Moselle :

700 hommes, 37 pièces de canon prises dans la place, des magasins immenses, voilà le résultat de cette expédition.

Du 30 thermidor au 1er fructidor.

Les troupes de la République sont entrées dans Le Quesnoy; l'ennemi s'est rendu à discrétion.

Du 11 au 12 fructidor.

Les troupes de la République viennent d'entrer dans L'Ecluse.

Du 12 au 13.

Le général en chef annonce à toute l'armée que Valenciennes vient d'ouvrir ses portes aux troupes de la République.

Cette place a été trouvée dans l'état le plus respectable de défense : elle laisse en notre pouvoir 227 pièces de canon, la plupart françaises, 800 milliers de poudre, des munitions de guerre et de bouche, etc. Tel est le fruit de la capitulation.

La prise du fort de L'Ecluse a encore mis au pouvoir de la République 125 pièces de canon, 300 milliers de poudre, 8.000 fusils et 2.000 hommes prisonniers de guerre.

Ordre du 14 au 15.

Condé est rendu à la République; nos troupes y sont entrées le 12 fructidor.

Du 29 au 30.

La journée d'hier a encore été glorieuse pour la République et terrible pour les tyrans. L'ennemi a été poursuivi jusqu'à 10 heures du soir ; 8 pièces de canon, 1.500 prisonniers, des fusils, des chevaux etc., tel a été le résultat de cette affaire.

Ordre du 1er au 2 vendémiaire de l'an III de la République française.

Le 2 sans-culottide matin, l'aile droite de l'armée de Sambre-et-Meuse a attaqué l'ennemi ; les rochers les plus escarpés, défendus par une artillerie formidable, ont été enlevés par la baïonnette. 26 bouches à feu presque toutes d'un gros calibre, 40 caissons, des effets de rechange, 3 drapeaux, plus de 600 prisonniers, plus de 1.200 hommes tués et blessés, beaucoup de fusils et près de 100 chevaux, tel a été l'heureux résultat de cette victoire. L'ennemi, vaincu, a évacué la Chartreuse et tous ses camps sur la Meuse.

Du 3 au 4.

On a rendu compte, le 1er vendémiaire, de la victoire

remportée, le 2 sans-culottide, par l'armée de Sambre-et-Meuse, mais au lieu de 600 prisonniers, il y en a eu plus de 1.500 de faits ; au lieu de 26 pièces de canon il y en a eu 34 de prises ; au lieu de 3 drapeaux, il y en a eu 5 d'enlevés ; enfin, outre les prisonniers, l'ennemi a perdu 2.000 hommes.

Ordre du 8 au 9.

Le général en chef annonce à l'armée, avec la plus vive satisfaction, que la ville de Bellegarde est rentrée au pouvoir des républicains ; que la Convention nationale a décrété que désormais cette ville s'appellerait Sud-Libre ; qu'en réjouissance de la disparition de ennemis de dessus notre territoire, il y aurait une fête le 10, et que le décret serait annoncé aux armées par le télégraphe.

Le général s'empresse encore de faire part à l'armée de la prise de Crève-Cœur devant Bois-le-Duc : 450 prisonniers de guerre, 38 bouches à feu, 25 à 30 milliers de poudre et d'autres munitions, tels ont été les intéressants résultats de cette prise.

Du 16 au 17 .

L'armée de Sambre-et-Meuse vient encore de mettre l'ennemi en déroute ; elle a passé la Roër après avoir établi ses ponts sous le feu le plus vif de l'ennemi, qui n'a fait sa retraite qu'à la faveur d'un épais brouillard.

Cette déroute a fait évacuer l'ennemi de la place et de la citadelle de Juliers, qui sont en fort bon état et dans lesquelles on a trouvé 60 pièces de canon, 50 milliers de poudre, un arsenal en ordre et une infinité d'autres effets. La perte de l'ennemi peut s'évaluer de 4 à 5 mille hommes tués ou blessés, 7 à 800 prisonniers et beaucoup de chevaux.

Ordre du **21** au **22**.

Le général en chef s'empresse d'annoncer à l'armée que celle de Sambre-et-Meuse vient de remporter une victoire complète sur nos ennemis, les a forcés à passer le Rhin et est entrée dans Cologne, où elle a trouvé des magasins considérables en tout genre et 100 pièces de canon.

Du **22** au **23**.

Les troupes françaises sont entrées dans Bois-le-Duc. La prise de cette ville importante procure à la République 146 bouches à feu dont 85 en bronze, 43.000 boulets, 12.000 bombes, 9.000 fusils, 350 fusils de rempart, 120 milliers de poudre, du soufre, du salpêtre, des magasins considérables en genièvre, eau-de-vie, fromage, munitions, etc.

Du **7** au **8** brumaire.

Le général Moreau, commandant provisoirement l'armée, s'empresse de lui annoncer que Venloo est au pouvoir de la République.

Du **8** au **9**.

La prise importante de Venloo, annoncée à l'ordre d'hier, procure à la République 160 bouches à feu, 200 milliers de poudre, 7.000 fusils, 100.000 boulets, obus ou grenades, des munitions de bouche de toute espèce.

Ordre du **17** au **18**.

Le général Moreau, commandant provisoirement l'armée du Nord, lui annonce avec la plus vive satisfaction que la ville de Maëstricht est tombée au pouvoir de la République.

Du **19** au **20**.

Le général Moreau, commandant provisoirement l'armée du Nord, s'empresse de lui annoncer que les Républicains sont entrés dans la ville de Nimègue : près de 1.100 prisonniers et environ 100 pièces d'artillerie ont été le fruit de cette prise importante.

Du 21 au 22.

La prise importante de la ville de Maëstricht, annoncée à l'ordre du 17 de ce mois, procure à la République 356 bouches à feu, 300 milliers de poudre, 20.000 fusils, des magasins considérables en tout genre.

Du 9 au 10 nivôse.

Le général en chef s'empresse d'apprendre à ses frères d'armes que l'armée du Nord, dont la bravoure ne peut être affaiblie par l'âpreté de la saison la plus rigoureuse, a attaqué l'ennemi le 7 nivôse; les lignes de Bréda ont été forcées, le fort Saint-André et l'île de Bommel ont été pris. 800 prisonniers, plus de 100 bouches à feu et un grand nombre de chevaux enlevés à l'ennemi sont les derniers résultats de cette glorieuse journée.

Ordre du 10 au 11.

La journée du 7 a été bien plus brillante qu'on ne l'avait annoncé hier à l'ordre; l'étendue de l'attaque n'avait pas permis de rassembler tous les détails, les voici :

Le général Daendels s'est rendu maître de Bommel, où il a pris beaucoup d'artillerie, de chevaux et de bagages, et a fait environ 500 prisonniers. Le général Osten, avec trois bataillons seulement (le 1er et le 2e de la 176e demi-brigade et le 5e des chasseurs à pied), s'est emparé de trois forts ou postes retranchés, y a pris 38 bouches à feu, des munitions, des bagages et quelques prisonniers. Le général Bonnaud s'est emparé des lignes de Bréda, y a pris 18 bouches à feu, beaucoup de munitions, 400 prisonniers, environ 200 chevaux, la caisse d'un régiment, un drapeau et un butin immense. Le général Lemaire s'est emparé d'Oudenbosch et de Sevenbergen, a enlevé un drapeau, deux pièces de canon et a fait 800 prisonniers parmi lesquels se trouve beaucoup de cavalerie. Ainsi donc, sur une ligne de dix lieues environ, l'armée s'est vue triomphante le même jour et à la même heure. Dans le même temps, la brigade de Salme recevait la capitulation de la garnison de Grave, qu'elle a forcée de se rendre à la seule condition de lui donner les honneurs de la guerre jusqu'aux glacis où elle déposera ses armes et sera conduite prisonnière en France.

Ce qu'il y a de bien flatteur encore, c'est que la conquête de cette place et des différents points qui ont été emportés, ne coûte pas cinquante hommes à la République, tant tués que blessés.

Le général en chef, en renouvelant sa satisfaction à ses frères d'armes sur les succès constamment dus à leur valeur, ne peut dissimuler la peine qu'il a éprouvée en voyant et apprenant que quelques-uns encore se sont écartés de la voie de l'honneur et ont quitté leurs camarades au champ de la gloire pour se livrer au pillage ; et d'autres se sont saoulés au point de tomber dans les chemins et de ne pouvoir se relever. Outre le danger auquel ils se sont exposés, ils ont compromis leurs frères d'armes en se mettant hors d'état de leur donner l'appui sur lequel ils avaient droit de compter.

On pourrait citer ici quelques corps particulièrement coupables de ces désordres ; mais le général en chef se borne à prévenir qu'une autre fois, non seulement il désignera à l'ordre les corps, mais encore les individus, qu'il les fera connaître à toute la République par la voie des journaux et des bulletins, et que l'infamie la plus déshonorante deviendra ainsi la punition d'un crime qui, malgré les mesures sévères et terribles employées jusqu'à ce jour pour le réprimer, continuerait à ternir nos triomphes.

Ordre du 18 au 19.

Le général en chef prévient l'armée que l'on ne doit pas présumer que les bataillons désignés particulièrement dans l'ordre du 10 de ce mois, en rendant compte de la journée glorieuse du 7 nivôse, soient les seuls dont la conduite mérite de justes éloges : toutes les troupes que commandaient alors les généraux Lemaire, Bonnaud, Osten, Daendels et Salme, ont sans exception également bien mérité de la patrie ; et la demi-brigade commandée par le citoyen Paticier, laquelle a fait, le 13, une reconnaissance sur Heusden et enlevé trois redoutes sous le feu même de cette place, mérite aussi des éloges du général et s'est attirée, ainsi que son brave chef, l'admiration de toute l'armée.

Dans cette journée, le citoyen Paticier a été blessé à la cuisse par un biscaïen ; le général en chef espère que cette blessure n'aura pas de suites fâcheuses et que la République ne sera pas longtemps privée des services de ce brave militaire.

Ordre du 23 au 24.

Le général en chef annonce à l'armée que la division du général Macdonald a chassé l'ennemi, le 21 nivôse, du fort Knodsemburg qui forme la tête du pont de Nimègue.

Cette division, secondée par les troupes commandées par les généraux Vandamme, Jardon et Reynier, s'est emparée de plusieurs postes et villages de l'autre côté du Wahal. Nos braves volontaires ont poursuivi avec leur intrépidité ordinaire l'ennemi jusque sur le Ling et canal de Panderen.

Cette victoire est aussi glorieuse pour les divisions de droite que la journée du 7 nivôse l'a été pour les divisions de gauche et du centre. On a pris à l'ennemi une trentaine de bouches à feu en bronze, des prisonniers, des chevaux et des munitions en grande quantité.

Le général en chef, instruit que le 8e régiment de hussards avait la louable coutume de donner 150 francs à chaque hussard allant à l'hôpital après avoir été blessé, annonce à l'armée cet acte de bienfaisance et de fraternité, persuadé qu'elle applaudira unanimement à la délicatesse des sentiments qui ont engagé ce brave régiment à adopter cette mesure.

Ordre du 30 nivôse au 1er pluviôse.

Le général en chef annonce à l'armée que la prise d'Heusden a procuré à la République 173 bouches à feu, la plupart en bronze, 150 milliers de poudre et quantité de munitions de bouche et de guerre. Tel a été le résultat glorieux de cette conquête.

Ordre du 1er au 2 pluviôse.

L'armée du Nord s'est emparée d'Utrecht et occupe toute la province qui en dépend.

Vive la République! La bravoure des soldats, que la rigueur de la saison ne peut arrêter, nous promet de nouveaux succès.

Du 3 au 4.

Le général en chef annonce à l'armée la prise de Gertruydenberg : la garnison s'en retourne en Hollande, prisonnière de guerre, après avoir posé ses armes. 175 bouches à feu, beaucoup de munitions et des vivres ont été le fruit de cette importante conquête.

Ordre du 4 au 5.

Le général en chef s'empresse d'annoncer à l'armée la prise d'Arnheim par la 2e division de l'armée ; on a trouvé dans cette place 60 bouches à feu, 100 milliers de poudre et des vivres.

Ordre du 6 au 7.

L'armée du Nord, secondée par la nature qui semble applaudir à son courage, vient d'arborer l'étendard de la liberté dans une grande partie des places de la Hollande : Amsterdam, La Haye, Rotterdam, etc., sont occupées par les troupes de la République. Une grande quantité de vaisseaux de transport anglais sont en notre pouvoir.

Cette nouvelle conquête, en couronnant les travaux immenses de l'armée du Nord, va procurer à la République de nouveaux moyens pour combattre ses lâches ennemis.

Ordre du 21 au 22 ventôse.

Les représentants du peuple près les armées de l'Ouest, des Côtes-de-Brest et Cherbourg, annoncent à la Convention que la Vendée est rentrée dans le sein de la République ; que Charette et tous les chefs de leurs armées dites du Centre et des Pays-Bas viennent de déclarer solennellement qu'ils se soumettent aux lois de la République française, une et indivisible.

Ordre du 3 au 4 germinal.

L'armée du Nord est prévenue que le général Moreau en prend le commandement en chef. Le général Pichegru, en quittant cette armée pour commander celle de Rhin-et-Moselle, renouvelle à ses braves frères d'armes les témoignages sincères de sa satisfaction ; il rend et rendra toujours hommage à leur bravoure héroïque et à leur constance étonnante à supporter les privations, les fatigues de la guerre et notamment celles de la pénible campagne qu'ils ont poursuivie et terminée avec tant de gloire, et laisse à tous ses camarades de tous grades et de toutes armes son attachement et son estime ; il leur demande une part dans leur souvenir et la continuation de leur amitié.

Ordre du 20 au 21 germinal.

L'armée est prévenue que le général de brigade Reynier remplit provisoirement les fonctions de chef de l'état-major général, en l'absence du général de division Liébert, qui va s'occuper de rétablir sa santé.

L'état-major de l'armée du Nord partira le 21 de ce mois de Bréda pour se rendre à Utrecht, où il arrivera le 24.

Ordre du 28 au 29.

Le général en chef annonce à l'armée le traité de paix conclu entre la France et la Prusse, sauf ratification de la Convention nationale.

Ordre du 3 au 4 floréal.

L'armée est prévenue que, dans sa séance du 25 germinal, la Convention nationale a ratifié le traité de paix conclu entre la République française et la Prusse.

Ordre du 24 au 25 germinal.

Le représentant du peuple Richard près les armées dans les Provinces-Unies au général en chef de l'état-major de l'armée :

« Je vous transmets, citoyen, l'agréable nouvelle de la prise de Luxembourg : la garnison est sortie avec les honneurs de la guerre, mais ensuite elle a déposé ses armes et canons et a prêté le serment de ne pas porter les armes contre la République française et ses alliés et de rester prisonnière de guerre dans l'empire, jusqu'à ce qu'elle soit échangée.

» Vous voudrez bien, citoyen, faire mettre cette lettre à l'ordre. — Signé : RICHARD. »

Du 26 au 27 prairial.

Détails ultérieurs sur la prise de Luxembourg annoncée dans l'ordre du 24 au 25 du courant.

Copie d'une lettre du général Jourdan au général en chef Moreau :

A Hitzig, le 19 prairial an III républicain.

« Vive la République ! mon camarade, la capitulation de Luxembourg vient d'être signée ; la garnison, forte de 12.000 hommes, sortira le 22 ; elle déposera ses armes. elle prêtera le serment de ne point servir contre la République et ses alliés avant d'avoir été échangée, et sera envoyée sur la rive droite du Rhin. Nous occupons dans ce moment la porte Notre-Dame et le fort Saint-Charles.

» Je t'embrasse bien cordialement. — Signé : JOURDAN ».

Ordre du 28 messidor.

L'armée est prévenue que le général de brigade Desbrulys remplira dorénavant les fonctions de chef de l'état-major général de l'armée ; le général de brigade Reynier, qui les exerçait provisoirement, retourne à la brigade qu'il commandait à la 1re division.

Ordre du 2 thermidor.

L'armée est prévenue que le quartier général partira d'Utrecht le 30 messidor pour aller le même jour s'étabir à Gorcum.

Ordre du 18 thermidor.

« Le représentant du peuple près l'armée du Nord au général en chef Moreau :

» Je vous fais passer, citoyen général, une lettre du Comité de Salut public qui m'annonce des succès importants remportés par l'armée des Côtes-de-Brest sur les Anglais et sur les émigrés : vous voudrez bien la mettre à l'ordre de l'armée.

» Ils avaient tenté le dernier effort et avaient réuni tous leurs moyens.

» Cette victoire nous prouve leur impuissance et le triomphe assuré à la République sur tous ses ennemis. — Signé : RICHARD. »

Voici la lettre annoncée par le représentant :

Paris, le 8 thermidor an III de la République.

« Le Comité de Salut public de la Convention nationale au Représentant du peuple près l'armée du Nord :

» Nous nous empressons de vous annoncer, cher collègue que le fort Penthièvre et la presqu'île de Quiberon ont été emportés de vive force, le 3 de ce mois, par vos braves frères d'armes de l'armée des Côtes-de-Brest ; nous avons perdu peu de monde, et, du côté des ennemis, tout ce qui n'a pas été tué a été contraint de mettre bas les armes et est prisonnier. Vous aurez demain, dans le Bulletin, les détails de cette importante affaire.

» Signé : Les membres du comité :
CAMBACÉRÈS, MAREC, DOULCET, TREILHARD
et Henri LARIVIÈRE. »

Ordre du 20 thermidor.

Le traité de paix entre la République française et l'Espagne a été conclu à Bâle, et le rapport en a été fait par le Comité de Salut public à la Convention nationale, qui l'a reçu avec les plus vifs applaudissements et en a décrété la discussion suivant les lois.

Le secrétaire du général Salme, dans les archives duquel nous avons trouvé ces précieux renseignements, ayant été licencié à cette époque, nous terminons à regret la publication de ces documents authentiques.

(Note de l'auteur.)

COPIE de la série d'ordres employée par l'armée du Nord.

<table>
<tr><td>LIBERTÉ.</td><td>**ARMÉE DU NORD.**</td><td>ÉGALITÉ.</td></tr>
</table>

6ᵉ DIVISION.

Au quartier général à Bois-le-Duc, le 26 nivôse, l'an 3ᵉ de la République française, une et indivisible.

DATES	MOTS	D'ORDRE.	RALLIEMENT.
Pluviôse.			
1	Français.........	Premier..........	Des Peuples.
2	La Victoire.......	Aux Français......	Constante.
3	Les Hommes.....	Libres...........	Invincibles.
4	Saisons..........	Aux Français.....	Indifférentes.
5	Neiges...........	Glaces...........	Bagatelles.
6	Baïonnettes.......	En Avant........	Tactique.
7	Esclaves.........	Fuyant..........	Partout.
8	Escadrons.......	Ennemis........	Culbutés.
9	Coalition........	Demande........	Grâce.
10	Les Français.....	Vainqueurs......	Généreux.
11	Humanité........	Naturelle........	Aux Français.
12	La Liberté.......	Notre...........	Récompense.
13	La Postérité.....	Aux Français.....	Reconnaissante.
14	Victoire.........	Liberté..........	Repos.
15	Union...........	Harmonie.......	Succès.
16	République......	Egalité..........	Bonheur.
17	Tirans..........	Toujours........	En horreur.
18	Anglais.........	Détestés........	De l'Univers.
19	Aux Français.....	La Liberté.......	Des mers.
20	Commerce.......	Libre...........	Abondance.

L'adjudant général,
Signé : DURUTTE.

Pour copie conforme :
L'adjoint aux adjudants généraux,
Signé : (Illisible),

ÉTAT-MAJOR GÉNÉRAL DE L'ARMÉE DU NORD.

Série d'ordres du 11 au 30 messidor, 3e année républicaine.

DATES	MOTS	D'ORDRE.	RALLIEMENT.
11	Guerriers	Patrie	Reconnaissante.
12	Vertu	Sagesse	Récompense.
13	Energie	Constance	Dévouement.
14	République	Union	Bonheur.
15	Français	Bayonnette	Victoire.
16	Républicains	Français	Vainqueurs.
17	Convention	Notre	Politique.
18	Soldats	Discipline	Triomphe.
19	Scélérats	Hais	Punis.
20	Actions	Héroïques	Récompensées.
21	Commerce	Libre	Abondance.
22	Nord	Midi	Victoire.
23	L'imposture	L'intrigue	Démasquées.
24	Amour	Respect	Aux lois.
25	La Victoire	Notre	Politique.
26	Français	Tous	Unis.
27	Le Crime	Sévèrement	Puni.
28	Républicains	Au combat	Intrépides.
29	Prudence	Sagesse	Valeur.
30	Activité	Surveillance	Soldats.

Au quartier général à Utrect, ce 4 messidor, 3e année de la République française, une et indivisible.

L'adjudant général chef de brigade,
Signé : F. Durutte.

ÉTAT-MAJOR GÉNÉRAL DE L'ARMÉE DU NORD, 1re DIVISION.

Série d'ordres du 1er au 20 thermidor, 3e année républicaine.

DATES	MOTS	D'ORDRE.	RALLIEMENT.
1	Mœurs	Vertus	République.
2	Caton	Rome	Sagesse.
3	Guerre	Sans fin	Aux anarchistes.
4	Citoyens	Remplissons	Nos devoirs.
5	Liberté	Sans licence	Triomphe.
6	Amour	Devoirs	Patrie.
7	Valeur	Constante	Victoire.
8	Propriétés	Partout	Respectées.
9	Les lois	Assurent	Le bonheur.
10	Français	Convention	Confiance.
11	Discipline	Bravoure	Succès.
12	Egalité	Pour tous	Aux lois.
13	La justice	Notre	Guide.
14	Républicains	Aux combats	Intrépides.
15	Armées	Françaises	Triomphantes.
16	Actions	Héroïques	Récompensées.
17	L'Agriculture	Donne	La richesse.
18	Le Commerce	Produit	L'abondance.
19	Union	Fraternité	Bonheur.
20	Efforts	Constants	Récompensés.

Au quartier général à Groningue, ce 26 messidor 3e année de la République française, une et indivisible.

L'adjudant général chef de l'état-major,
Signé : DARDENNE.

SPÉCIMEN DES BONS DE VIANDE EMPLOYÉS A L'ARMÉE DU NORD.

ARMÉE d

VIANDE, N°.

Mois de

Rations de viande, à
Bon pour   ration
pour   jour

SECTION d

MUNITIONNAIRE.

ÉQUIPAGES MILITAIRES.

Délivré au C^{en}
un bon de la quantité d
rations de viande,
à   l'une

A   , le
l'an   de la République
française, une et indivisible.

Vu par moi, Commissaire des Guerres,

VIANDE

ARMÉE d

VIANDE, N°.

Mois de

Rations de viande, à
Bon pour   ration
pour   jour

SECTION d

MUNITIONNAIRE.

ÉQUIPAGES MILITAIRES.

J'ai reçu du Garde-ma-
gasin munitionnaire d
la quantité d
rations de viande, à
l'une

A   , le
l'an   de la République
française, une et indivisible.

Vu par moi, Commissaire des Guerres,

III

La victoire en permanence.

HYMNE AU COMITÉ DE SALUT PUBLIC DE LA CONVENTION

Général Salme. 12

Dans un ouvrage devenu très rare, attendu que Napoléon en fit rechercher et brûler les exemplaires, et intitulé :

HISTOIRE CHRONOLOGIQUE

des

OPÉRATIONS DE L'ARMÉE DU NORD

ET DE CELLE DE SAMBRE-ET-MEUSE,

Depuis le mois de germinal de l'an II (fin de mars 1794)
jusqu'au même mois de l'an III (1795),
Tirée des livres d'ordres de ces deux armées

par le citoyen David, témoin de la plupart de leurs exploits.

nous avons relevé une note inexacte, mais intéressante, en ce sens qu'elle dépeint physiquement le général Salme et rend hommage à ses talents militaires :

« Salm (1) est un jeune homme d'une belle figure. Il commandait une brigade de la division de Dépaux, qu'il tenait très bien, et son camp était toujours mieux tracé et plus régulier que ceux des autres.

» Je ne sais ni d'où il est, ni de quelle famille il sort. Un maître d'hôtel de la maison de Salm, qui était dans le château d'Hoogstraten (2) lorsque nous y arrivâmes, m'assura qu'il était de la famille des Salm-Salm ; qu'ayant dépensé toute sa fortune à Paris, il avait été obligé de s'engager dans un régiment de dragons.

» Ce qui me fit former des doutes sur le rapport de ce maître d'hôtel, c'est que dans le temps que les buveurs de sang obligeaient les nobles de sortir de Paris pour les égorger plus facilement dans la suite, un proconsul aussi féroce que mauvais administrateur prit un arrêté qui enjoignait à tous les nobles de sortir des armées, quels que fussent leurs grades. Presque tous, même les fusiliers,

----

(1) La première inexactitude est dans l'orthographe du nom du général.

(2) Nous faisons justice du racontar du maître d'hôtel à la page 35.

furent obligés de s'y conformer. Il me paraît étonnant que Salm ait pu échapper à la surveillance inquisitoriale de cet être détestable.

» Il est vrai que les carabiniers s'obstinèrent à ne pas obéir à cet infâme arrêté, et qu'ils conservèrent, haut la main, leur colonel d'Anglard, qui est un homme d'un mérite distingué. Il peut se faire que Salm se soit sauvé de la même manière, ou par quelque autre moyen. Qu'il soit ce qu'il voudra, il n'en est pas moins vrai qu'il a servi en homme d'honneur, ainsi que tous les nobles qui sont restés dans les armées. »

IV

Historique de Grave.

1º

Grave, en latin *Gravia,* ville forte des Pays-Bas dans le Brabant, est située sur la rive gauche de la Meuse, dont les eaux remplissent les larges fossés qui environnent sept grands boulevards avec des demi-lunes. Elle est à quatre lieues de Bois-le-Duc et à deux de Ravestein, sur les frontières de la province de Gueldres.

Jean III, duc de Brabant, la donna en 1323 à Othon, seigneur de Cuick et d'Heverle, qui la rendit en 1328. Depuis, elle fut un grand sujet de guerre entre les ducs de Brabant et les comtes de Hollande, qui prétendaient y avoir droit. Grave est capitale du pays de Cuick, qui est assez fertile et appartient aujourd'hui aux Hollandais. (GUICHARDIN, *Description des Pays-Bas.* Le Mire, donat. belg., l. 2, 6, 69.)

2°

Grave, nom propre d'une ville du brabant Hollandais. *Gravia* et *Gravium*. Elle est bien fortifiée à la moderne et capitale du pays de Cuick. Elle est située sur la Meuse, dont les eaux remplissent les fossés ; elle n'est éloignée de Nimègue que de trois lieues et de Bois-le-Duc de six. Les sièges que Grave a soutenus, et surtout le dernier, l'ont rendue fameuse. Le duc de Parme l'ayant prise en 1586, elle fut reprise par le prince Maurice en 1602 et la possession en fut confirmée aux Provinces-Unies par le traité de Munster.

Le roi Louis XIV se rendit maître de Grave en 1672. Elle fut reprise en 1674 après un siège de six mois, l'un des plus beaux qui aient jamais été soutenus. Les Français ne l'auraient pas même rendue, si le roi n'avait voulu épargner au prince d'Orange, qui y était enfin venu lui-même et qui n'y avançait pas plus que les autres, la honte d'une défaite (1).

Le marquis de Chamilly était alors gouverneur de la place.

----

(1) Le journal de ce siège, publié peu de temps après la reddition de la place, étant devenu extrêmement rare, l'imprimerie Berger-Levrault, à l'instigation de nombreux officiers, se détermina récemment à en offrir au public une nouvelle édition.

V

AUTOGRAPHES

—

J'ai reçu par un trompette une lettre du Général Français, comandant le corps d'armée devant cette ville ; en foi de quoi je me suis signé à Grave le 17 novembre 1794.

A. DE BONS,
Général Major commandant.

VI

ARMÉE DU NORD,
—
Liberté.

4ᵉ DIVISION.
—
Égalité.

Au quartier général de

Le   *3ᵉ Année républicaine*

Le Général Salme commandant la 4ᵉ division.

Le Général de brigade,
SALME.

VII

Souvenirs de l'occupation de la Hollande.

Nous avons pensé faire plaisir au lecteur en plaçant sous ses yeux deux spécimens d'affiches du théâtre d'Amsterdam.

Le choix des pièces ne pouvait être plus à propos.

Ces comédies venaient certainement d'être faites sous l'inspiration du patriotisme et des récentes victoires.

Faveur était accordée aux seuls militaires français d'entrer avec des assignats.

LES ARTISTES FRANÇAIS

DU

THÉATRE RÉPUBLICAIN

Sous la Direction du Citoyen

GAZEL,

Donneront le 21 Ventose l'an 3me de la République Française,
Mercredi le 11 Mars 1795, vieux stile.

Dans la Salle Allemande, dans le Waagen- ou Amstelstraat.

LES RIGUEURS DU CLOITRE,

Opéra en 2 Actes, Musique du Citoyen BRETON.

Suivi du

TRIOMPHE DE LA LIBERTÉ,

OU

LES VAINQUEURS GÉNÉREUX,

Comédie en un Acte, par une Citoyenne.

Le Militaire Français pourra seul, entrer avec des Assignats.

On prendra au Balcon.	ƒ 2 : 10 : -
Premieres Loges.	- 2 : — : -
Parquet.	- 1 : 10 : -
Troisieme Loges.	- 1 : — : -

On commencera à six heures précises.

Les personnes qui désireront prendre des Billets s'adresseront à la Salle
du Spectacle, depuis dix heures jusqu'à midi, et depuis deux
heures jusqu'à quatre.

LES ARTISTES FRANÇAIS

DU

THÉATRE RÉPUBLICAIN

Sous la Direction du Citoyen

GAZEL,

Donneront le 24 Ventose l'an 3ᵐᵉ de la République Française,
Samedi le 14 Mars 1795, vieux stile,

Dans la Salle Allemande, dans le Waagen-ou Amstelstraat.

LA RUSE D'AMOUR,

Opéra en un acte, Musique de CHARDINI,

Suivi de

ROBERT,

CHEF DE BRIGANDS,

Drame en 5 actes, et en Prose.

En attendant

L'INSURRECTION BATAVE,

OU

LA FRISE DÉLIVRÉE DES ANGLAIS,

Comédie en un Acte.

Le Militaire Français pourra seul, entrer avec des **Assignats.**

On prendra au Balcon . . . . *f* 2 : 10 : -
Premieres Loges . . . . - 2 : — : -
Parquet . . . . - 1 : 10 : -
Troisieme Loges . . . . - 1 : — : -

On commencera à six heures précises.

*Les personnes qui désireront prendre des billets s'adresseront à la Salle
du Spectacle, depuis dix heures jusqu'à midi, et depuis deux
heures jusqu'à quatre.*

TABLE DES MATIÈRES

Pages.

APPENDICES

CARTES ET GRAVURES

Paris et Limoges. — Imprimerie milit. Henri CHARLES-LAVAUZELLE.

www.ingramcontent.com/pod-product-compliance
Lightning Source LLC
LaVergne TN
LVHW051040200726
843508LV00001B/327